U0450819

我是我，你是你：
告别原生家庭，走向崭新人生

杨力虹 / 著

漓江出版社
·桂 林·

图书在版编目(CIP)数据

我是我，你是你：告别原生家庭，走向崭新人生 /
杨力虹著. -- 桂林：漓江出版社，2023.8
ISBN 978-7-5407-9421-7

Ⅰ.①你… Ⅱ.①杨… Ⅲ.①家庭关系 - 社会心理学
Ⅳ.①C913.11

中国国家版本馆CIP数据核字(2023)第091538号

我是我，你是你：告别原生家庭，走向崭新人生
WO SHI WO, NI SHI NI: GAOBIE YUANSHENG JIATING, ZOUXIANG ZHANXIN RENSHENG

作　　者：杨力虹	
出 版 人：刘迪才	
策划编辑：杨　静	责任编辑：杨　静
助理编辑：滚碧月	封面设计：杨　毅
内文设计：李自茹	责任监印：黄菲菲

出版发行：漓江出版社有限公司
社　　址：广西桂林市南环路22号
邮　　编：541002
发行电话：010-85891290　　0773-2582200
邮购热线：0773-2582200
网　　址：www.lijiangbooks.com
微信公众号：lijiangpress

印　　制：香河县闻泰印刷包装有限公司
开　　本：880 mm × 1230 mm 1/32
印　　张：6
字　　数：120千字
版　　次：2023年8月第1版
印　　次：2023年8月第1次印刷
书　　号：ISBN 978-7-5407-9421-7
定　　价：56.00元

漓江版图书：版权所有，侵权必究
漓江版图书：如有印装问题，请与当地图书销售部门联系调换

自序

一切都是刚刚好。正如，此时此刻，你翻开了这本书。正如，这些文字，与你内心的渴望相契合。正如，这些文字，给你的疑惑以答案。正如，这些文字，解开了缠绕的心结。

我不确定，是怎样的缘分，让我们在文字里相遇；我只确信：今生的相逢，定有深意，绝非偶然。

成熟的心灵能在关系里接纳生命，尊重所有的发生。觉悟的爱是能回归本位，让生命之河顺畅流动。

希望这些文字，能陪伴和支持你从原生家庭的境遇里得到疗愈、整合、蜕变、成长，转逆境为资源，跳脱"加害者—受害者—拯救者"的角色定位，带着尊重与臣服，把父母及家族命运交还，获得真正的身心自由；希望你能在感恩与和解里成为自己成为爱，勇敢承担，为自己的人生负全责；希望你能从盲目到觉悟，从错位到和谐，从痛苦到幸福，带着这句对生命说的"是"（YES），朝着良善与仁慈移动；也希望这些文字，能成为你疏通障碍的清流、打开心结的钥匙、回归本位的路标和通往解脱之道的那只指月之手。

我并非先知先觉，我也跟你一样，在跌跌撞撞、满身是伤后才穿越，疗愈，放下，回来。因此，你正在经历的苦与痛，我懂得；你将要绽放的生命，我看得见。

原生家庭是我们的来处，生命之河流经我们的祖先，经由父母让我们降临人世。我们在原生家庭被养育的境况极大地影响着我们后来的人生，正如阿德勒所言："幸福的人用童年治愈一生，不幸的人用一生治愈童年。"

很遗憾，这个时代，绝大多数的父母并不擅长做父母。在心灵尚未成熟之前，他们是无法成为合格的父母的。近年离婚率的飙升，同时说明了他们中的很多人也并不擅长做夫妻。他们，也许正用他们的一生在疗愈自己的童年，而他们的生育，又导致了更多不幸的孩子需要疗愈自己的童年。这些孩子可能从在娘胎里开始，就在那些否定、贬低、打压里被浸染、被催眠，对父母给自己的评判信以为真，从怀有低价值感、自卑、无处安顿身心，发展成自我攻击、自我否定，甚至自我毁灭。孩子的心理视角无法理解这些伤害发生的根源，也无法懂得，这些恶意的伤害根本与自己本来的样子无关，它们都来自伤痕累累、心理不健康的父母的投射与期待。孩子们无法看清楚自己对父母无条件的忠诚与爱，可能是错位而盲目的。他们总是义无反顾地宁愿舍弃自己的人生，也要去做那个勇敢的"小超人"，视拯救父母为己任。他们之中也出现了许多的"扶弟魔"，宁愿牺牲自己的幸福去成就亲人的幸福。

这些伟大却无人受益的爱呀，让人误以为拼尽了全力就可以改变父母、家人的命运，而那，却是永远不可能完成的任务。多少无望的孩子，走在这条"拯救者"的道路上，付出了健康、金钱、感情、事业，甚至生命的代价。可叹，可惜。

放下不属于你的重担吧，充满爱的孩子。把来自原生家庭的伤痛与局限，转化成智慧的爱，在各归其位、各负其责的成熟之爱里温暖联结、和谐流动，烦恼的浊流也将因此而化为资源与宝藏。

与原生家庭、家族和解，也许并不需要一生。当你遇见这本书，读到这些文字，你会知道有条和解、践行、改变、整合之路。我就是从这条路上，经过与原生家庭和解，交还父母命运，与前夫和解，给女儿成为她自己的自由等步骤，逐渐疗愈、改变、整合自己，允许自己如花绽放，归于自心分享爱。当我们跳脱"加害者—受害者—拯救者"的三角角色，从强迫性的重复剧情中出离时，真正的身心自由就开始了。

亲爱的,你也可以与我一样,与原生家庭、家族和解,接受一切如是,带着感恩与尊重,昂首阔步走向自己的命运,而父母与家族,都是自己人生舞台上的宏大背景。是的,在你的人生舞台上,你是主角,每个人都是自己命运的主人。

祝福你,成为自己成为爱。

目　　录

第一章

接纳
——找回真实自我

Q1　总是对自己不满意，怎么办…2

Q2　自己的想法和主流价值观产生冲突，怎么办…5

Q3　接受不了过去的自己，怎么办…9

Q4　如何才能停止内在战争…12

Q5　不敢做真实的自己，怎么办…15

Q6　我为谁而活…19

Q7　我为什么总爱跟别人比较…25

Q8　如何摆脱自卑心理…27

Q9　总觉得自己不够努力，怎么办…31

Q10　怎样消除内疚和自责…33

Q11　我为什么而奋斗…35

第二章

归位
——与原生家庭和解

Q1　如何释放对家人的恨…42

Q2　舍不得妈妈受苦，怎么办…46

Q3　怨恨又心疼妈妈，怎么办…49

Q4　如何帮助家人走出困境…51

Q5　如何从与母亲的能量纠缠里解脱…55

Q6　生活迷茫，是否和原生家庭有关…58

Q7　不想重复父母的模式，怎么办…61

Q8　如何摆脱从父母那里继承的行为模式…63

Q9　对至爱亲朋，我可以说"不"吗…65

Q10　厌恶自己的女性身份，怎么办…71

Q11　如何化解与父母的对峙…79

Q12　如何处理因亲人患抑郁症而带来的负面情绪…81

Q13　要去寻找亲生父母吗…84

Q14　非常害怕爸妈会不在了，怎么办…87

Q15　怎样帮助经常吵架的父母…89

Q16　为什么在负面情绪中才能感觉到安全…93

第三章

选择
　　——建立良好的亲子关系

Q1　人为什么要生孩子…98

Q2　坐月子时,我该听谁的…101

Q3　如何帮助孩子跟父亲联结…103

Q4　为了孩子,我该原谅他的外遇吗…105

Q5　成了丈夫与婆婆母子之间的"第三者",怎么办…109

Q6　怕孩子会输在起跑线上,怎么办…113

Q7　不愿回残缺的家,怎么办…118

Q8　儿子经常做噩梦,怎么办…120

Q9　总想逃避孩子,怎么办…122

Q10　孩子因为热爱艺术而偏废主科,怎么办…127

Q11　如何处理与被领养孩子的关系…129

Q12　为什么我总是在担心…133

Q13　产生低落的情绪该如何处理…138

Q14　担心不能怀孕,怎么办…142

我是我，你是你：
告别原生家庭，走向崭新人生

第四章

陪伴
——回归家族与故乡

Q1　谁属于我家⋯150

Q2　如何陪伴亲人走完他生命中的最后时光⋯152

Q3　面对怕死的父亲，如何应对⋯154

Q4　成长最好的环境是什么样的⋯156

Q5　不愿意承认自己的农村身份，怎么办⋯159

Q6　大城市和小城市该如何抉择⋯162

Q7　为什么受了气，都往亲人身上撒⋯164

后记　关于本书⋯167

力虹智慧心语⋯173

让我带你与原生家庭和解

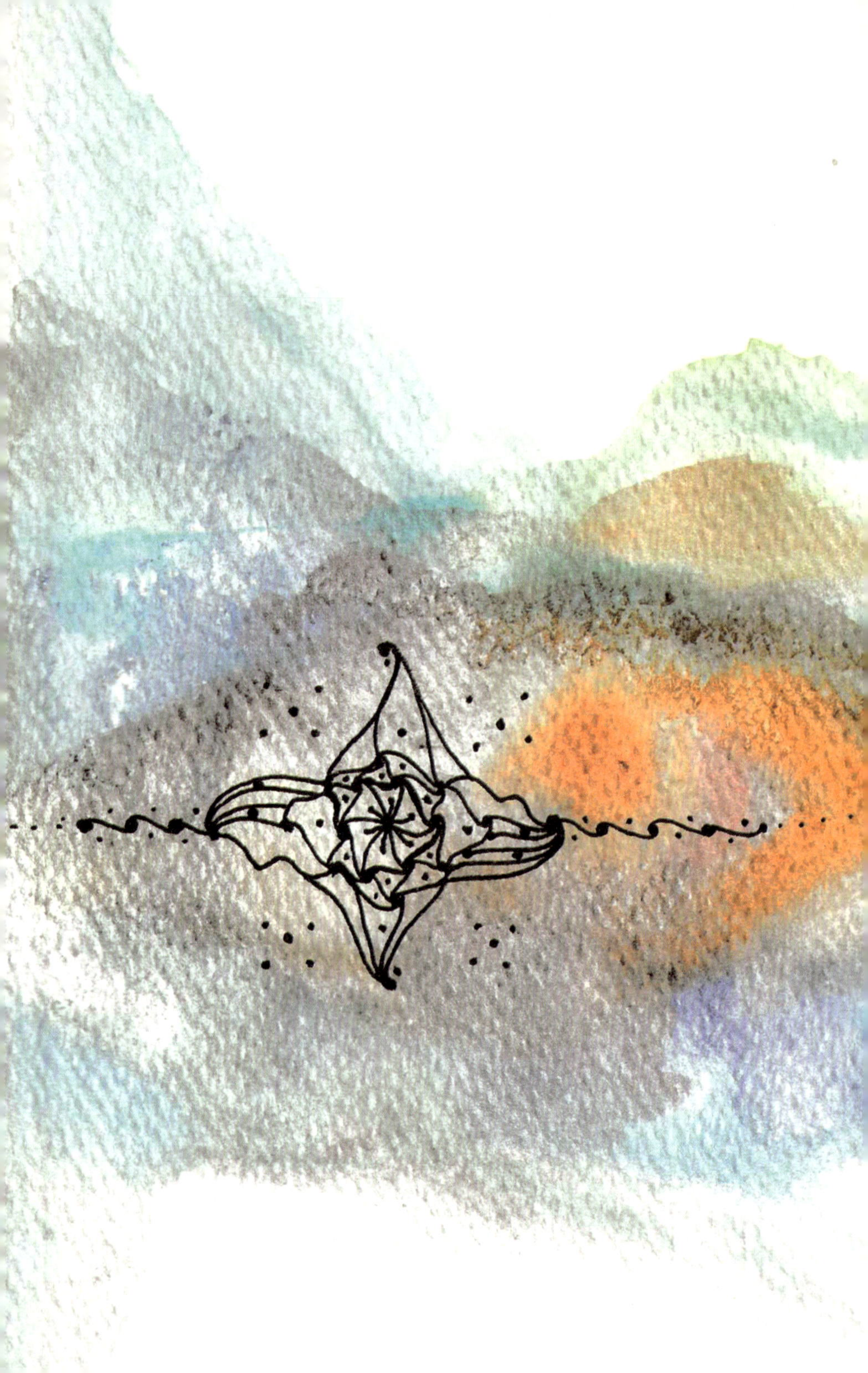

第一章

接纳
——找回真实自我

Q1　总是对自己不满意，怎么办

我每次做决定前总是犹豫不决。一旦所做的决定不能让事情发展得很顺利，我就会不断地埋怨、指责自己，而且我不断地重复这个模式。比如我想去剪个短发，考虑了很多，选了一间发廊，结果剪出来还是不满意，我就会不断后悔，指责自己。请问老师，是什么原因导致我形成了这个模式？

亲爱的，请回过头看看，你从小到大，得到过父母、亲戚、老师足够多的赞美与肯定吗？是不是即使考了 98 分，还会被父母沉着脸指责为什么不能像王同学那样考 100 分？是不是经常被老师批评不守纪律、不听话，长大没出息？回想一下，从小到大，你的重要养育人里是否有每天被焦虑、担心、恐惧困扰的亲人，他们的情绪模式也会传染给你，成为你的内在情绪模式之一。

最爱我们的人伤我们最深。那些指责与批评就像一把把尖刀，扎在我们的心头上，无法拔除，伤口也无法愈合。它们更是一种催眠指令，直接进入我们的潜意识，种下心锚。惯于自我攻击、贬损自己的人，通常有善于精神控制的父母或者老师。

我们长期活在"我什么都做不好"的自我催眠里，外境一直在配合我们这颗自我贬低的心。更何况，我们的自我评价早就固化了，所以我们看不见自己好的部分。我们不相信自己可以做得很好，更不相信我们自性圆满、完美无缺。所以，我们不断用失败、做错事、犹豫不决等来证明父母和老师的话完全正确。我们顺着他们的暗示，埋怨、指责、批评自己，用后悔、纠结、冲突折磨自己。我们活成了他们认定的"没出息"的模样。如果想改变这种模式，就要重新和父母、老师联结，尊重、理解他们的局限，懂得他们那些伤害性语言背后都是无明与愚痴，都是因其内在软弱无力而不得不表现出的强悍有力，是"外强中干"的表演。这些只与他们的命运相关，与他们的内在状态相关，但你可以活得与他们不一样，只要你改变内在的负面信念，重新确立自我价值感：我值得，我可以。同时，你还要学会与自己的弱点相处。一个人只有既承认自己的长处，也承认自己的弱点，才会在他人那里获得尊重和尊严，才可以更真实无惧地活在人间。

好消息是，你已经看见自己这个惯有的习性与模式。看见就是疗愈的开始，心可以改变你看见的世界。举一个简单的例子：一只装了半杯水的杯子，有人会抱怨怎么只有半杯水，有人会欢喜还有半杯水，还有人会无感、麻木。你的心决定了你看世界的眼光。如果你的内在盛满了抱怨与不满，那么你会抱怨为什么只有半杯水；如果你知足常乐，懂得感恩，你会欢喜地看见还有半杯水；如果你成长于冷漠、疏离的环境里，那么你可能在见到那半杯水时是无感、麻木的。

从现在起，请你每天早晚对着镜中的自己，说出自己的优点以及做的善事、好事。放下对与错的评判，只是如实地描述那些让你身体放松、情绪上扬的人、事、物，带着微笑，对他们说"谢谢"。或者，对那些让你身体紧张、情绪下沉的人、事、物，也同样带着微笑，说"谢谢"。这样的练习可以让你越来越接近自己的直觉，也可以让你的心越来越敞开，心量越来越大，慢慢地，你便可以借由身心的反应来做决定与判断。这是一项有趣的挑战。

你会发现，原来你也可以果断地做决定，你也能成功，你也能对自己满意。当你对自己满意后，你会发现，外面的世界也变得更加美好、可爱。

祝福你！

Q2　自己的想法和主流价值观产生冲突，怎么办

我今年 31 岁，一直都坚持做自己，不着急结婚，坚持寻找自己的真爱。不幸的是，我和母亲的价值观有冲突，她觉得一个女人只有结了婚生了孩子，人生才完整。她周围的朋友，以及整个主流社会似乎都是这么认为的。我应该放弃自己的坚持，去遵循社会主流价值观吗？

在社会主流价值观的汪洋大海之中，你仍然可以驾驶自己那一叶特立独行的扁舟。在集体潜意识裹挟下的社会时钟催逼你结婚生子时，你仍然可以自问：这样的人生是我真正想要的吗？这个世界是多元的，时代的变迁让人有了越来越多的存在方式。如果你觉得做自己就是不一定非要结婚生子的话，也没有什么不可以。

35 岁之前，人都在经历确立自我的过程，也在寻找自己在世间的位置，你可以多与自己的心联结，听听它的真实声音。

于你而言，真爱是那个完全可以配合你、允许你做自己的人吗，还是你关于"理想父母"的完美投射？

理想的人生结局当然是做了自己，找到了真爱，又结了婚生

了子。皆大欢喜。

我没看出其中有什么势不两立的部分。

自我的价值观，你可以继续保有；主流的价值观，你也可以参考，顺应，延伸。

个人之见，一个女人，并非只有结婚生子了才完整。即使没有婚姻，没有孩子，作为人来说，你也是完整的。重点是：你爱自己吗？接纳自己吗？你允许自己活得跟别人不一样吗？你能活出与母亲不一样的人生吗？你能直面自己对母亲的内疚吗？这几个问题抛给你，相信你做出解答后就能恍然大悟。

就像舞蹈家杨丽萍说的，她来人世是做生命的旁观者。她来，就是看树怎么生长，河水怎么流，白云怎么飘，甘露怎么凝结。她把一朵花、一棵树当成自己的孩子。她认为，自己就是大自然的一部分。这样的人生，也许在妈妈们看来，是不完整、有缺憾的，但在我看来，她是完整的，她为世间带来了艺术舞蹈的美与创造，她是大自然的精灵与使者。她在自己的人生道路上，每一步都踏实地走过。

从"90后"这一代开始，有越来越多的人选择单身，不婚不育，这是时代的进步赋予人们更加包容、自由的生存方式，谁又能断定它就是不完整、有缺憾的呢?早已经不是"不孝有三,无后为大"的时代,若从生命长河更高的维度来看,从更广阔的时空来看,谁又能知道这种变化的深意呢?

就个体而言,每个人来到世间的功课与使命不一样。成为自己,的确是需要极大勇气与决心的。一个人只有内心的力量足够强大,才有勇气去做与主流价值观不一致的少数人。毕竟,种族繁衍的动力是我们携带在身体里强大的生物惯性。

你可以闭上眼睛,去想象与真实的自己相遇时的场景,去觉知自己的身体感觉、情绪感受、脑海里的想法。当你遇见真实的自己时,看看她脸上的表情与眼神,听听她想告诉你的话语。

凡真实者,皆无敌,因为人最大的敌人就是那个伪善、无力、讨好、求赞的自己。

祝福你!愿你活出自己成为爱,像花一样自由绽放!

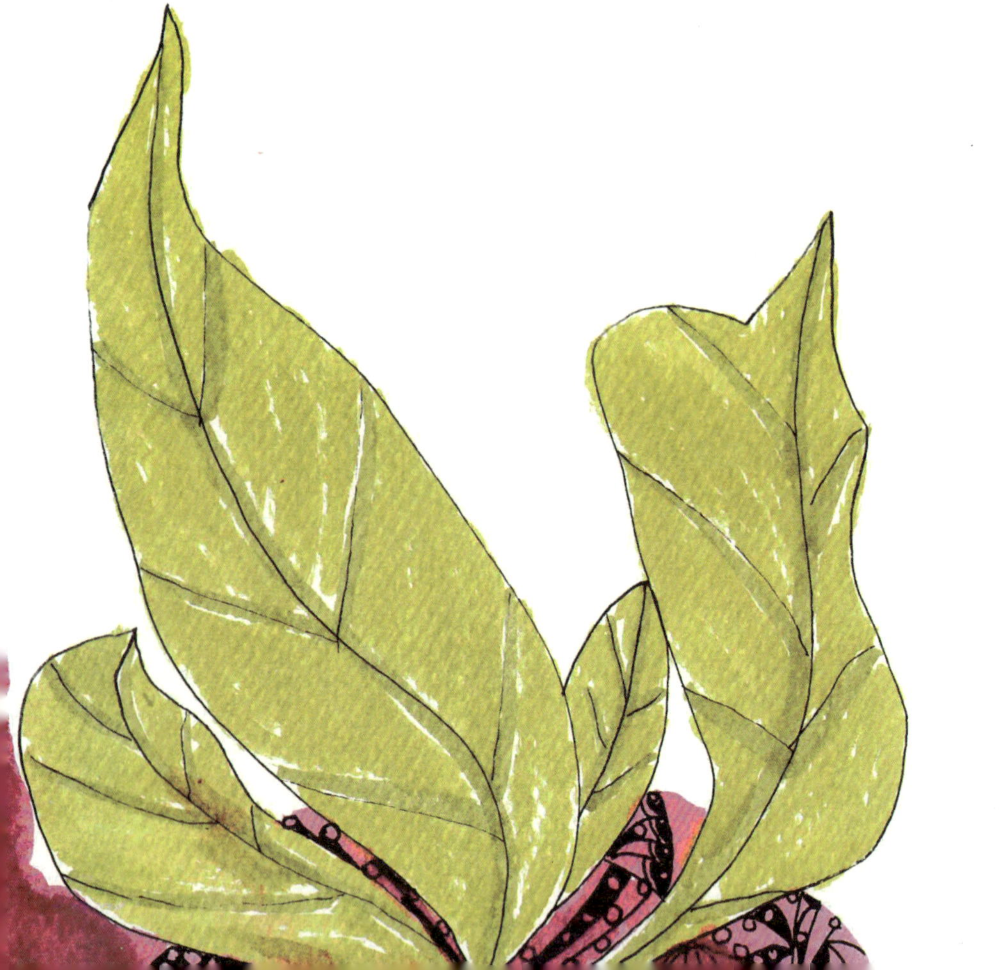

Q3　接受不了过去的自己，怎么办

我未成年时做了一些叛逆的事情，抽烟、泡吧、文身。现在过去三四年了，我渐渐觉得那个时候的我是在糟蹋自己，我发现我接受不了过去的自己，怕会影响以后的自己。我现在很苦恼，不知道该怎么办，很想和父母坦白，可我又很害怕。我该如何走出恐惧？

人每天都处在不断变化之中。心灵的成熟，是我们生而为人的必经之路，除非，我们愿意停留在某个心智状态，拒绝长大。

人们往往因为对过去的回忆与懊悔，或对未来的想象与假设，而错过了正在经历的当下。

叛逆，是青春期常有的行为。荷尔蒙分泌那么旺盛，搞得我们晕头转向、躁动焦虑、不知所措。这个阶段做一些叛逆的事是可以被原谅和理解的。抽烟、泡吧、文身，这些行为从主流价值观来说，可能是"坏孩子"才干的事情。可是，我愿意把这些理解为你是通过这些行为，宣誓生命的主权，也是在找寻自己在伙伴团体里的归属感。你在模拟成人的生命状态，你的叛逆是剪断与父母之间心理脐带的必要过程，也是一场让自己的本能充分释放的真人秀。青春期的到来，让父母对孩子成长后必然与他们分离这一事实产生了不适感，于是他们掌控孩子的意识更强烈。而叛逆，不过是孩子向自己的生命说"是"的一种方式，因为大家都知道：生命之河滚滚向前，父母能做的只余下目送孩子离去。

不用试图去做那个永不犯错、让父母满意的完美孩子，去看见自我批判背后的那份担心，那是对生怕自己不够好就会失去父母对自己的信任与爱的恐惧。做一个真实的人，才能更有力量，即使在叛逆时曾做过一些离经叛道的事（当然，这些事都是以不伤害他人为前提的）。

有一个让我印象深刻的17岁的男性案主，他高大、英俊、温柔、沉静，但他极其自卑，还有些抑郁。原因是他做过"难以启齿的肮脏事"（他的原话，并且还用了"邪淫"一词给自己"上纲上线"），就是他从6岁起，养成了手淫的习惯。自责、懊悔、羞愧、内疚、自我贬低、自残……周而复始，直到他17岁，他妈妈带他来到我的工作坊，做了一对一个案疗愈。现在19岁的他，阳光开朗、乐于助人，在大学里开始了他的恋爱生活。

亲爱的，请对过去的自己说：我真正地看见你了，我接受在你身上发生的一切，你是我不可分割的一部分；你给我的这些生命体验，是我以后宝贵的人生资源，你让我更加懂得去包容、理解、支持、关心其他的生命；我明白你的那些行为背后都是在渴求爱与关注，也知道这些行为都是渴望长大成人的驱动力所引导；从现在起，我会带着你一起走向未来，活出不一样的自己，活出健康、快乐、真实的一面；对不起，请原谅，谢谢你，我爱你！

每个人都有过去，我们不能向着过去而活，一辈子做挖掘工，浪费时间精力去挖掘过去的创伤、错误的坑洞，这非常危险并且毫无意义。过去，于我们的人生而言，是不可再来的必经之路，也是我们生命的宝贵资源。只有让过去成为往事，活在当下，才是答案。

烦恼从来不在外境，只在心。

Q4 如何才能停止内在战争

自从我开始对内在进行觉察，就发现自己常常在自我批判和抱怨，自我察觉后又开始谴责自己此前的批判和抱怨，越是如此，最初的批判和抱怨就越无法停止，内在的冲突和战争就越来越激烈。我该如何停止这样的内在战争呢？

内在战争，通常是自己的内在孩童与内在父母之间的激战，也就是本我与超我之战。只有真正地接纳自己本来的样子，相信自己自性圆满，这场战争才可能停止。而一个长期"内战"的人，肯定会长期攻击自己的父母，同时父母通常又被祖父母攻击……情绪刻入骨子里，代代相传，强迫性重复，除非有人愿意先改变自己，重写 DNA。

自我觉察的目的既不是为了自我批判或抱怨，开自己的批斗会，也不是为了谴责自我批判或抱怨的习气。你越是拒绝与对抗，越会向其移动。潜意识听不见否定句，就像听到"千万不要去想教室里那只绿色的大熊猫"，你就会忍不住去想它。越拒绝，越成为；越排斥，越呈现。

何不让所有内在的发生经过你而去？何不打开你的心，允许它们可以如实如是地发生？允许它们，就像天上的云，既然会升起、停留，就一定会离开，这便是世间万事万物的运行规律与宇宙法则——生、住、异、灭。了知了这个基本法则，你就可以过上不内耗、有觉察的生活了。知道什么正在发生，知道对于这些发生你的心正在动什么念。不怕念起，只怕觉迟。其实，觉迟也不可怕，觉到就好，知幻即离。

看就是看，不带烦恼去看；听就是听，不带烦恼去听；吃就是吃，不带烦恼去吃……有德有觉知的一天，胜过无德无觉知的千万年。愿你在这条自我觉察之路上更加轻松自在、任性合道、逍遥绝恼。

这么殊胜难得的人生，竟然对自己还不满意，那岂不是太可惜？放过自己吧，世界上最值得被善待的人就是自己。你并不是父母嘴里那个不堪的自己，他们只是借由你来宣泄自己的情绪，来逃开自己的无力感，来躲避自己无法操控世界的事实。

看看镜中的自己，你会发现，自己有许多别人没有的特点，也许这些从未向他人展示过。从现在开始，允许自己向世人展示、分享你埋藏着的"宝藏"。当你接触的人足够多，你的注意力就会扩散到更多的人身上，而不只聚焦在这个"我"上。你会发现原来别人与自己一样，都在自我的内在战争里身心俱疲，他们也希望你能够给予他们肯定与认同，就像你希望的一样。人心都如此,谁不希望得到别人的肯定与认同?

懂得这点,你就可以带着更多的同理心与人友善相处了。了解自己越深,就越可以懂得他人。与其在无明里重复受苦,何不冲出自我攻击的监狱?让自己重获身心自由,如实如是,安然与这个世界相处,与天地共存,与自然共振。何不经由看穿这个作为名色临时聚合体的"我",来看清这些都是物质与精神的波动而已,再还自己以不染尘埃的本来面目?

用智慧面对无常,随缘不变,不变随缘。用情绪对抗变化,徒劳无益,自损损人。

Q5 不敢做真实的自己，怎么办

为什么我常常不敢做自己，也不敢表达出自己的真实想法？明明喜欢艺术，却不敢对周围的人说，我非常害怕别人会觉得我很怪、与众不同。我该怎么办？

做少数人，的确是需要勇气与胆量的。人是社会型动物，有天生的趋同心理，以求得所谓的安全感。

艺术，于你而言，象征着什么？它为什么会跟"怪"相联系？你在害怕什么？这些是你真正需要去向内探索的部分。

从世俗价值观看来，艺术是一种"没用"的追求，它不是考公务员铁饭碗的素材，也不是金钱套现的短平快工具，它甚至可能会让艺术家陷于饥寒交迫、食不果腹的悲惨境地。不被大众认可的艺术家卖不出作品，这种状况经常发生，从古至今都是如此。

在我看来，艺术是通往身心整合的最佳道路之一，它让艺术家的潜意识通过作品表现出来，从而与受众产生联结，同频共振；还可能在更高的维度，引领其他生命走向一条内在探索之路。这多棒啊！何怪之有？当然，不可否认，艺术家们在成为艺术家的

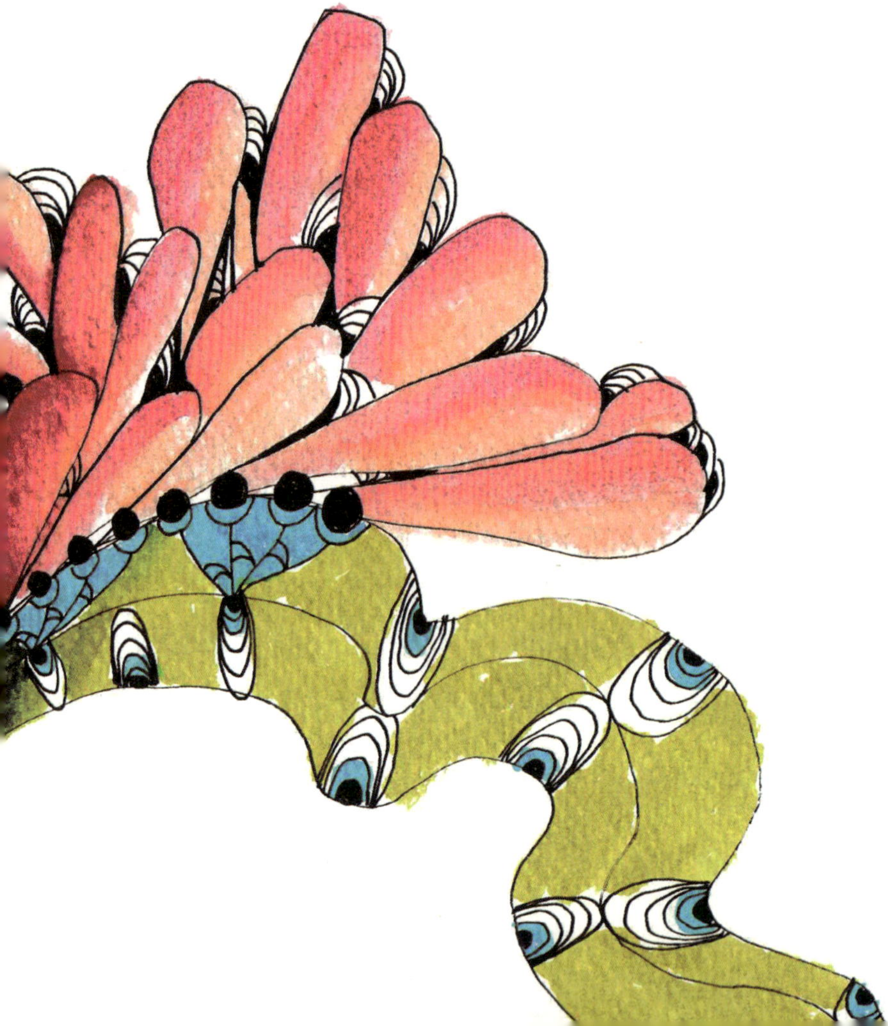

路上，会有某些阶段是标新立异的，呈现出不流于世俗价值观的造型与装扮，可能就是你所担心的"怪"吧？也的确有些很"怪异"的艺术家被世人追捧或被诟病，被喜爱或被打压，世界就是这样。我欣赏每一位艺术家，因为他们敢于探索自己的潜意识，敢于把人类隐秘的部分公开展现，世界因此而色彩斑斓，丰富多彩。多有趣啊！

我有位十分高产的艺术家朋友，她每天都要画一幅大型画作。这些作品色彩鲜明，构图锋利，力量丰沛，直透人心。她问："老师，我找您做个个案吧？"我与她开玩笑："您是要继续做著名画家，还是要成为内心平和的普通人？个案后，与自我和解，您强烈的表达欲可能就成为平和而宁静的内在动力了。"她思考片刻后说："我还是继续当著名画家吧。"

在后来的聊天中，我发现她高产的动力来自一位因被伤害而失去生命的友人。虽然事件不是由她直接导致，但因为她是见证者，所以基于忠诚与爱，她一直在用自己的画作来表达对逝去生命的怀念与哀悼，也在疗愈她自己的创伤。这样的艺术表达在文森特·凡·高、弗里达·卡罗、草间弥生的画作里都可以清晰地看见，画作里有他们的人生、他们内心的创伤。他们赋予作品力量，也通过作品来影响世人……

艺术就是一条高于世俗生活又离不开世俗生活的道路，是值得去追求和践行的。你是要活在别人的评判里，走别人期待的道路，还是让自己全然绽放，成为一名艺术家？听听自己内心的声音，自己做决定，同时，为自己的选择负全责。无论如何，我都尊重你的决定，并且送上我的祝福。

Q6　我为谁而活

北京大学心理学副教授徐凯文提出了一种"空心病"——价值观缺陷导致部分大学生产生心理障碍。"空心病"人群常常陷入"我是谁？我为谁而活？我感觉不到自己存在过……"的疑惑之中。同样陷入"我为谁而活"这一疑问中的我，应该怎么找到自我价值。

我在工作坊或一对一的个案里，也曾碰到过这样的"空心病"案主，并且他们并不局限在徐医生的主要研究对象——大学生群体里，当然，"好孩子"的确是其中最主要的群体。在世俗层面，他们都是"好孩子"，但实际上他们常常身心失联，情绪失衡，长期失眠，无法建立亲密关系，妄念横生，痛苦不堪，对自己及世界都非常不满意。他们智商极高，情商却几乎为零。

不可否认，"空心病"群体的父母大多关系很好且拥有一致的目标，即把孩子培养为"成功人士"。因此，孩子本身也没受过什么童年创伤，可是这些孩子从小就被父母套在要求与期待的牢笼里，他们被父母与老师教导：灭掉对手才能"功成名就"。他们只被允许享受这种残酷赛场上的"竞争式快乐"。他们的生命被聚焦在排名、分数、学历、学位中。他们每天也许被灌输的理念是考不上好大学便没有好工作，没有好工作便没有钱，没有钱便买不起房子、找不到好伴侣……这些无休止的、充满恐惧与焦虑的唠叨一次次对孩子们进行着催眠，深深植入孩子们的内心。于是，"好孩子"会配合这些催眠暗示，做出最大限度的让步，然后陷入反复的痛苦之中。他们与自然联结的渴望、对世界的探索之心、与小伙伴互动的要求、绘画音乐舞蹈等爱好的培养需求常常得不到满足。在他们的个人成长史里，没有玩泥巴、打水漂、下河游泳、掏鸟窝……他们只拥有些在游乐园里游玩的记忆，且这些游玩，多半是在父母或爷爷奶奶、外公外婆的陪伴下进行的。他们只有无趣枯燥的童年，那些刚因好奇而伸出的手，总是立刻会因被喝令制止而缩回。这些瞬间，冻结封锁了他们意欲探索的身心。

在父母老师的影响下，他们建立起钱、好成绩、好工作比自己的喜好、追求更重要的价值观。在我碰到的"空心病"案主中，有人因为没有按时完成作业，书包便被强势、失控的母亲扔到家门之外，于是只得含着泪，忍着羞辱跑出门，在众街坊邻居的围观中把散了一地的书本、纸笔捡回，从此后再不敢拖欠作业。母亲四处传播自己的"成功"教育经验。每当听见母亲口若悬河、洋洋得意地向别的家长介绍经验，他的心上便又被刺下深深一刀。

有人则是经常遭受父母的冷暴力,学习上任何不如父母意的表现,都会被父母以冷暴力对待。父母会好几天不搭理孩子,不对孩子做任何回应,用这样孩子式的"赌气"默默地告诉孩子:你只有成绩突出,学习专心,才可以得到我们的关注。这样的冷暴力给幼小的孩子带来的是绝望,他们只能在学习上加倍地付出,以期可以冲出冰冷重围,满足自己与父母建立联结的渴望。前一段时间在网上传播甚广的一段一位母亲教育孩子的视频里,母亲的语言充满暴力:"滚开,我不配做你妈,你也不是我儿子……"还有多处提及"这要不要钱买?""这些钱都是你爸赚回来的……"如此长期反复地熏染,在孩子的心里,便会烙上钱是世界上最重要的东西的印记。

一些网友对此赞不绝口,认为必须对孩子这样狠。同时,也有一些亲子专家顶着掉粉、被谩骂的危险来恳请大家看见:这样的教育,对孩子而言,只会留下更多的"内伤"。长大后,他们会发现自己一门心思、全力以赴的努力,原来只是为了达成父母的期待,在朝向功名利禄的目标中,他们已经错过了真正的自己。

当父母只聚焦于孩子的学习时,他们与孩子的联结便越来越趋向于头脑间的理性互动。对"好孩子"来说,父母真实温柔的拥抱、专注而安静的抚触、柔声细语的赞美都是奢侈的。孩子们必须像打败对手、得胜归来的"武士",才可以得到父母的"赞",才可以得到夸奖。"竞争式快乐"的训练,必然让孩子从小就处于自私与对抗的戾气中,这种习气会一直侵袭到成年。只有当人际关系,尤其是亲密关系受阻时,他才会有内省的机会。

"空心病"综合征群体身心失联的状况非常严重,他们几乎感觉不到自己的身体,不知道自己每天吃的是什么食物,穿的是什么质地的衣服,感觉不到自己脚与地面接触的瞬间,感觉不到自己对手机的依赖,一有空闲,便会用玩游戏、刷视频等填补自己的时间,以此逃避那种孤独的感觉。我碰到的几名年轻的男性案主曾靠着每日十几次的高频率手淫来与自己的身体建立联结。他们说,那些高潮时刻才是兴奋的,否则,每天工作或学习时,都是机械式地应对与操作,会感觉人生毫无乐趣。有时,味觉麻木的他们喜欢用浓烈的麻辣味来刺激味蕾,直到涕泗横流,他们才有感觉。他们说,这样才知道自己还活着。

但只要他们还懂得"求救",懂得"找出口",就还有希望。与这样的案主一起工作,我通常会以绘画、音乐、舞动、意象对话等整合的方式,让疗愈在他们的内在润物细无声地发生。非常多的个案都证明:这些"好孩子"一旦被启发出潜藏的天赋才华,便会不可遏止地茁壮生长。生命的爆发力惊人，当他们决定真实地活在这样不确定的世界里时，便会经由爱上自己而爱上别人，爱上这个世界。

"空心病"并非绝症，甚至并非一种病。它只是某些人在成长蜕变中，找到自己生命位置的必经之路。生命本无意义，它是一场体验之旅，如果我们非要给它加上个意义，便又堕入概念之中。只要活在每一个鲜活的当下，在不确定中保持正念，敞开心，用身体去触碰这个世界，去与其他生命联结，那么这个世界便有了温度。当我们哀怨地诉说"无意义"时，通常眼光只盯住了自己。试着把你的眼睛移向更多、更大、更广的场域，你会发现，原来生命还有更多精彩有趣的维度可以进入，值得探索。

只有在不确定的世界上真实地活着，随顺因缘的变化而动，不费力，无目的，平静地面对一切变化，打破僵固与执着，内在埋藏多年的旺盛的渴望才可能迎风绽放、结果。愿所有的"空心病"人远离身心之苦。

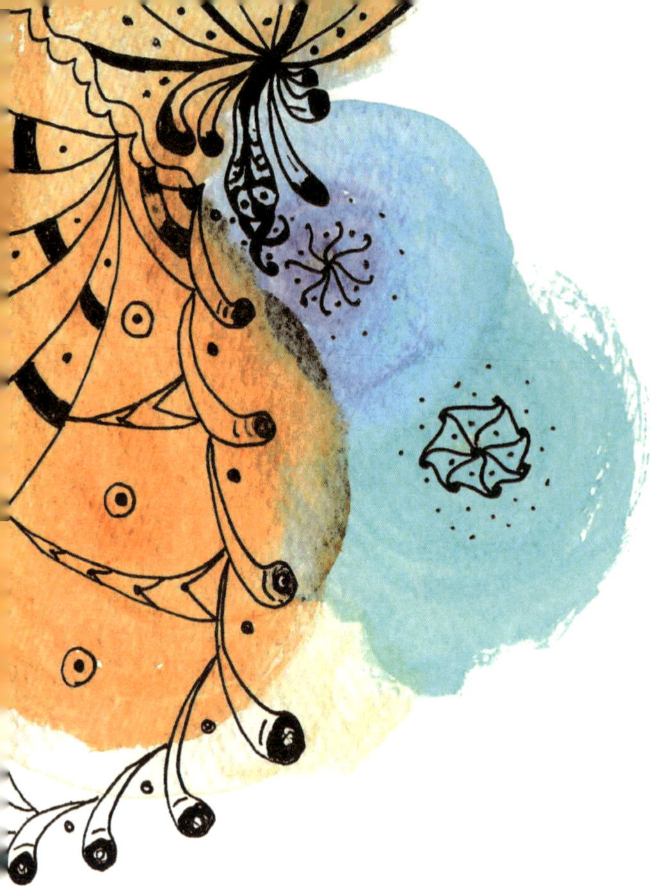

Q7 我为什么总爱跟别人比较

我常爱和别人比较，不如别人时，就会质疑自己存在的意义，觉得自己就算消失了也没什么影响。该怎么做，才能从这种模式中解脱出来呢？

亲爱的，我们很多人从小就在父母和老师的"比较教育"里长大。我们习惯于把自己置身于一个非赢即输的二元对立局面。而嫉妒，实际上是一种百害而无一利的情绪。它只会让你伤害自己，否定、轻视自己，拉低自己的能量。

"为什么隔壁家王二考 100 分？""这次全班排名，你比小勇又落后了。"……当这些话语不断被重复，成功植入我们的心念系统里时，我们将一辈子都痛苦地活在跑道上，疲累地挣扎于赛场中，似乎我们的价值只体现在战胜别人的那个时刻。胜利了，得意、傲慢；失败了，嫉妒、嗔恨。

没有真实的"敌人"时，我们还为自己设计出许多的"假想敌"，让自己在竞争、比较的习性里继续玩着输赢游戏；而内心，却时常矛盾挣扎、痛苦不堪。这些游戏被放在各种场景里，学校、单位、社交群体、家庭……使你痛并快乐着，因为你对它太熟悉。

实际上，你肯定会不如一些人，也会超越一些人。不如他人时就沮丧、低沉，超越他人时就兴奋、激动，那你的日常便只能被裹挟在各种起伏跌宕的情绪中。

想从这种模式里解脱，只有一个办法，就是真正地看穿它，然后放下。毕竟，根本没有输赢这件事，我们不肯放过的其实只有自己。如果我们不能接受自性圆满的自己，非要用输赢来作为衡量自我价值的标准，就真是上了老师和父母的当了。长期在这样的比较中，我们会掩盖住自己的阴暗面，会心灵扭曲，会带着许多的负面情绪苟活。我们需要对自己说：我全然接受本来的自己。这句话会像一句咒语，让自己心悦诚服，安心、自在、快乐做自己，做不需要跟别人比较、竞争的自己。

每当竞争心生起的时候，去觉察自己内在的深层动机，看见自己内在的匮乏和无价值感，大声说：我可以不再玩这个游戏了。别人很好，发挥出了他们的最高水平，恭喜他们！我也很好，我已经做到了最好，我全然接受我自己本来的样子。

如果你一直依靠别人的评价系统而活，一直希望所有人都给你五星好评，那么，"自觉"这一关你便错过了。人这一生，最重要的不就是了解自己，认识自己吗？就像古希腊神庙门口那句话，"认识你自己"。如果能够达成这一点，那"觉他"一关也会顺遂而过。

Q8 如何摆脱自卑心理

从小母亲就常常打击我，所以我一直很自卑。我在工作中和与人相处时，非常害怕别人说我做得不好。尤其是碰到大会发言或与陌生人通电话，我就精神紧张，全身僵硬，喉咙发干。我该怎么办？

自卑不是你原本的样子，你只是相信了别人对你的"催眠"，并且一再跟随他的催眠引导。比如："你干什么都很糟糕。""我为什么生了你这样的笨蛋？""你就是老闯祸的坏孩子。""我倒了什么霉，生了你这样的孩子？"……

这些评价其实只属于那个说出这些"催眠"话语的人，与你无关。你只是她的出气筒，她的情绪宣泄口。你不必当真，允许已经过去的过去，可以想象这些话语化成两股黑水从你两只脚底的涌泉穴排出你的身体。

如果你还是被这些念头困扰，被躯体症状提醒，在条件允许的情况下，请寻求专业咨询师的帮助，找回自信，重树信念。在专业的咨询个案里，我们会陪伴与支持你去找到过去的成功经验和生命经验背后潜藏着的资源，重建自信，让你找到紧张、僵硬的身心反应背后的正向意义。

这些紧张、僵硬多半来自幼时的焦虑或恐惧，身体被这些情绪控制时，便会以躯体化症状的方式来表达。最原始、最强大的恐惧，便是离开母亲；第二强大的，便是离开父亲。而那个幼小的还没有自我保护能力的小孩子，在经历这些创伤后，既没有理解与懂得的能力，也无法推断出被母亲如此对待的前因后果，更没有纾压与释放的渠道，于是，身体便会因为这些堵住的情绪而做出对"心有千千结"的诚实表达。此外还残留下一个坚固的信念：我不好，母亲才会对我生气，我让她失望了，我不值得被她爱。

在产生人际关系冲突时，这个坚固的信念经常会跳出来指挥你的反应策略。虽然已经是过时的策略，它却依旧被你高频次地应用，因为你的信念之锚是：我不够好，我不值得。看见和理解这一切对成人后的我们来说非常重要且必要，更重要的是，我们需要看见、拥抱、陪伴、接纳自己受伤的内在孩童。同时，把母亲的命运交还给母亲，把生命放到更大的背景板上，理解母亲的局限。如果能看见她这些"打击"后面，也潜藏着关心和爱，只是她可能没找到更恰当的方式，或者说，她也并没有其他的方式。如果透过成人的她，看见她内在住着的那个小女孩，看见童年时的她，你可能就更能懂得那个一直打击自己孩子的母亲了。把她的命运交还给她，而你，就可以自由地创造自己的人生，并且会越来越有勇气和力量。

你也可以经常做些与身体联结的练习，比如紧张时，便大口呼吸，让每一次吸气都气沉丹田。再比如，做些肢体伸展的动作，或者跳跳舞、唱唱歌、做运动，或者用按摩眼眶的方法舒缓情绪等。凡是能重新联结身心，转创伤为创造力，归于本来，最终获得安心正念的，都是通往健康幸福的良途。

生命永远都有改变的可能性，每一刻都是崭新的。正因为生命无常，我们才有机会成为自己，成为爱！

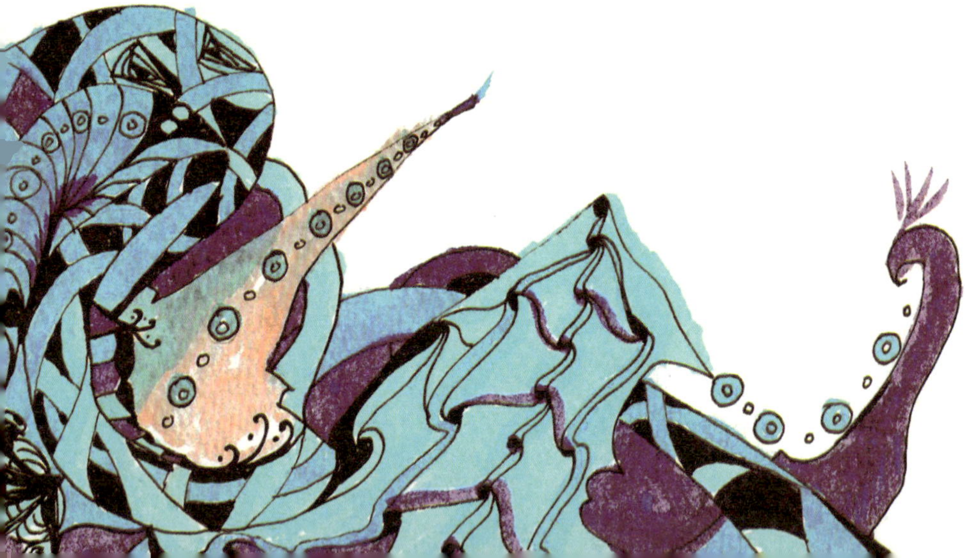

Q9 总觉得自己不够努力，怎么办

总觉得自己不够努力怎么办？不论是在学习还是工作上，我总觉得自己好像可以做得更好，可是当时自己真的已经尽力了。当我回过头看时，又觉得自己努力得还不够，会不自主地谴责以前的自己。

放下这根抽打自己的鞭子，放过正被不停苛责的自己吧。你已经是最好的自己，不论是在哪个时刻、哪个空间。也请放掉关于"更好的自己"这个虚幻的构想。假如你总是把这个"更好的自己"的幻影高悬，那将制造出始终无法到达的恐惧与焦虑，然后在自责与愧疚里自我折磨，你将成为苦痛的制造高手。仔细瞧一瞧那个幻影，他是你吗？他更像谁期待的那个"完美孩子"？如果真的够努力，你又会怎么样？谁会赞扬你？他（她）的赞扬和肯定为什么会对你如此重要？

请记住：即使没有赞扬、肯定，你也是最好的、独一无二的自己。请允许自己不符合他人的期待，放过自己，允许自己活成自己想要的样子。

不放过自己，追求完美的强迫性，多半来自我们从小被养育、受教育的环境，来自有高标准、严要求的父母或老师，或者有严格家训的家族传统。看见并尊重这些，同时允许自己顺应自己的身体节奏，配合工作的规则与要求，让自己处于放松且专注的状态。这样的方式既不会因为内在冲突与纠结耗损精气神，又可以在轻松与流动中完成工作、学习，提升效率，让心情变好。

当我们放下"面子"的时候，也是真正开始探索自我的时候。人生本来就没有意义，所有的意义都是自己赋予的。活出自己，活出自己生命的意义！

走出一条属于自己的人生路，是件很美好的新鲜事。祝福你！

Q10 怎样消除内疚和自责

我曾试图安慰有悲惨遭遇的朋友,却被他狠狠推开,令我非常生气。但事后想想别人也不容易,也挺可怜的,所以我这时又会感到内疚和自责。我该怎样顺其自然地接纳自己的过失,而不内疚和自责呢?

作为人,每个人都有情绪,你也不例外;作为人,每个人都有局限,你也不例外。你的情绪往往与对方无关,不必着急为自己的情绪贴上负面的标签。试着去看它的生灭、转移、起落,试着与它对话,听听它想对你表达的是什么。从你自己的内在去疗愈、修复,聆听它、接纳它、允许它表达自己。试着对自己说:"我不完美,我会犯错,我接受自己是个会犯错的人。"当坏情绪出现时,通常跳出来的是我们内在住着的那个孩童,他需要被看见,被听到,所以,请听听他的情绪后面藏着的真实渴望与需求是什么。对自己生气的理由保持觉知,不带批判地学着去了解与接受生气后面的正向意图。比如,有时候,生气只是一种求关注的方式,或者是一种标明界限的行为。对自己多些慈悲心,去懂得内心戏的运作里藏着哪些未曾被表达出的心理诉求。与自己的内在孩童先达成一致,满足他的需求与渴望,真正与他合二为一。当我们内外统一时，也许所谓的负面情绪出现的可能性就大幅度减少了。因为，随着内在冲突与内耗的减少，外境的表现也会相应减少。

另外，如果你对别人的态度是"可怜"，那可能就会进入一种居高临下的同情里，距离太近，会打扰对方，双方无人受益。这种同情可能是我们在原生家庭里试图拯救父母、其他家人的意图的翻版，长期错位会形成信念系统的"惯性模式"。意识到这一点后，首先应肯定自己对他人爱与支持的意图，然后从那个比较高的位置上下来，站在与对方平等的位置上。当你可以从平等位置看向对方时，就容易发展出共情的能力。这是一种平等而友善的关系，在保有各自界限的同时保持内在联结，相互支持、陪伴。假设你有一个遭遇了地震的朋友，当他坐在家里的废墟上悲伤哭泣时，你就在距离他十来米远的地方，专注、放松、安静地看着他，陪伴他，支持他。而不是冲上去，鼓励他：要坚强，要勇敢；也不是与他形影不离，充满同情地替他包办一切。允许他以自己的节律完成对所失的哀悼，释放需要表达的悲伤，让身心逐渐达到平复和整合，然后继续自己的人生。

归位，如实，如是，从自己内在修正调伏此心，尊重界限，你会发现各种关系都越来越和谐，顺畅无碍。

Q11 我为什么而奋斗

从小我心中的奋斗目标就是让爸爸妈妈过上好的生活——物质上满足,后半辈子无忧。大学毕业后,我用六年的时间做到了。实现了我人生的初级目标,那一刻我很满足。可这种满足感并没有持续多久,我就陷入了无边的孤独,我不知道我接下来要为什么而奋斗。名利非我所求,内心的空虚感让我无所适从……

亲爱的,从你的字里行间,我看到了过去的我。我跟你一样,从小心中的奋斗目标就是让父母过上好日子。我一直认为自己是长女,后来通过家排个案,我才知道原来我是二女,前面还有一个自然流产的姐姐,而在妹妹之后还有两个流产的孩子。因家里没有活下来的儿子,所以潜意识里我要求自己成为那个顶天立地的"老大",要让父母觉得养育我和妹妹,并不比养个儿子差。我还希望自己早日实现财务自由,提前退休。

这些目标,我是在十多年的时间里达成的,然后我也有过你这样的困惑。还好,因缘和合,我遇到了南卡江才上师,遇到了胡因梦老师,遇到了海灵格老师,遇到了程俊源老师……他们用言传身教影响、教导我,让我明白:人在世上,要为更多的生命服务,利益众生。同时,我也意识到自己承担了不该承担的家庭重担，是越位，是混乱了家庭序位，是站在了比父母更高的位置上，充当了拯救者与小法官。当我退回到女儿的位置上后，我发现母亲快乐了好多。虽然父亲已离世，但我深信，他也会为我的改变而欣喜、自豪。

希望我的经历对你有所启发。相信你会在实现目标的过程里发现：你竭尽全力，快速获得物质上的满足，但得到短暂的兴奋与快乐后，下一个目标即刻又会出现，你继续追逐，以为拥有了它，就会更好一些。这些假设，成了驱使你向前抓取的动力，最后，你就像快速转动的轮圈上的仓鼠，拼命奔跑，盲目抓取，而忘了奔跑的初衷。当你稍有松懈，莫名的空洞与虚无感便会包围、吞噬你。

重复多次后，你就会知道这些假设、这些物质上的满足，都无法填补你内心的真实需要。名、利，都不例外。心的问题，哪能由物质解决？参照丰子恺先生把人的生活分成三层楼的说法，相信你会从中悟出些什么。丰先生认为，人的生活是分成三层的。"一是物质生活，二是精神生活，三是灵魂生活。物质生活就是衣食，精神生活就是学术文艺，灵魂生活就是宗教。……懒得（或无力）走楼梯的，就住在第一层，即把物质生活弄得很好，锦衣玉食，尊荣富贵，孝子慈孙，这样就满足了。这也是一种人生观。抱这样的人生观的人，在世间占大多数。其次，高兴（或有力）走楼梯的，就爬上二层楼去玩玩，或者久居在里头。这就是专心学术文艺的人。……这样的人，在世间也很多，即所谓'知识分子''学者''艺术家'。还有一种人，'人生欲'很强，脚力很大，对二层楼还不满足，就再走楼梯，爬上三层楼去。这就是宗教徒了。他们做人很认真，满足了'物质欲'还不够，满足了'精神欲'还不够，必须探求人生的究竟。他们以为财产子孙都是身外之物，学术文艺都是暂时的美景，连自己的身体都是虚幻的存在。他们不肯做本能的奴隶，必须追究灵魂的来源，宇宙的根本，这才能满足他们的'人生欲'。这就是宗教徒。"（丰子恺《我与弘一法师》）

看到这里，相信你应该知道了，今生自己要住哪层楼？把一位高僧的话送给你：最大的幸福与满足来自利他。当你敢承认"修行"也是一场梦时，你就有醒来的机会了。生命，不应再等待。

从工作坊的个案里，我们通常可以看到：人要反复地在这个"不歇"里找到自己存在的理由和价值，它是"我还在""我值得""我可以"的证明，舍不得"歇"，担心自己一旦歇了就失去价值，连"暂停键"都不愿按下，生怕自己因此错过什么。在焦虑、惶恐，以及铺天盖地的信息轰炸中，人像无头苍蝇般，被业力之风吹得东飘西荡，无处可停。这样的"忙碌"是和本心失去联结也毫无觉察的，完全无觉知地活在业力习性的唆使中、贪嗔带来的逼迫之苦下，还自以为是地认为自己拼命向外抓取的这些事物真是自己需要的。其实，那都是自心制造出的幻觉与假设。钱财会散，人会分离，生命时刻都在通往告别；身体会朽，借居的"房子"终有归还的时候……

还有什么可以剩下？还有什么可以带走？人生最重要的莫过于知道什么最重要。可是，我们哪里明白每天的造作与究竟的解脱方向南辕北辙？我们哪里肯停下这颗造作的心呢？我们如何在猛烈的业风吹拂下，做得了主？

我们还有那么多未完成的目标、规划、任务。我们排了一年以上的日程，我们追求安全感，试图活在安排之中，想要忘记那个让人不快、不请而至的无常。我们不由自主，欲望与贪婪控制着我们的心。因缘和合时，我们贪心；因缘违合时，我们嗔恨。

我们用这个头脑，描绘出生命无限的可能性。它瞬息万变，上一个计划还没实现，下一个项目的蓝图又浮现脑海，一天没过，十多个项目已经被遗忘，更多的主意浮上来。脑袋里充斥着自我对话，喋喋不休。日子，就在脑海里不断冒出的念头的浮沉中一天天逝去。

第一章 接纳——找回真实自我

我们每天都在用自己的头脑积极地思考、描画、计划，却迟迟不肯出手、不肯付诸行动，我们担心失败、害怕挫折、恐惧障碍、焦虑艰辛，我们甚至患上选择困难症。很多选择困难的来访者，身上都有很明显的拖延症状：永远处于思考、计划中，权衡、取舍、判断，把事情往最坏的结果想……颤颤巍巍，始终迈不出脚踏实地的一步。甚至，拿不定主意要买什么、要吃什么、要选择什么样的伴侣。他们的潜意识里，多半有个受伤的内在孩童，生怕选择出错，觉得自己不够好，觉得自己不配获得幸福……这些多是童年阴影带来的影响中需要疗愈的部分。

生命，不再等待。毕竟，意外与明天谁先到来，不确定。还等什么呢？只管出发吧。

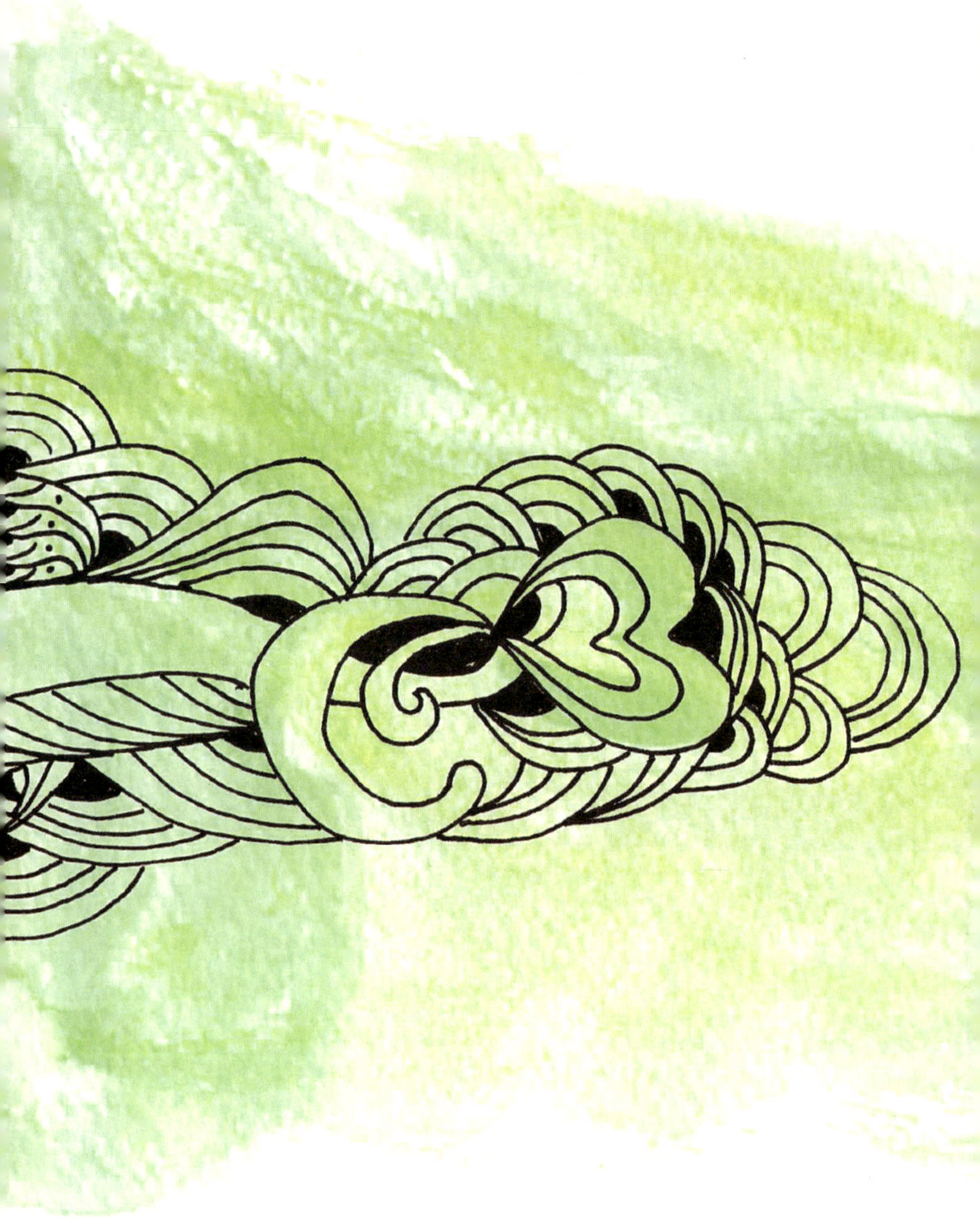

第二章

归位
——与原生家庭和解

我是我，你是你：
告别原生家庭，走向崭新人生

Q1 如何释放对家人的恨

我对自己的家人，尤其是爸爸和姐姐充满了恨意。小时候家里想要男孩，结果一连三个都是女孩，我是最小的。虽然爸爸对我还不错，可我从小就非常怕他。长大后我一直找不到合适的对象，不知道是不是和家庭有关系。

后来我和二姐、二姐夫吵了一架，也由此把心里蓄积多年的恨一股脑都抛了出来；再加上爸爸也站在他们一边，导致我对整个家庭都充满了恨。这种恨没有出口，不仅让我的身体出现了严重的健康问题，还因此丢了工作。现在我非常无助，不知道该怎么办。

亲爱的，不知道你是否愿意去面对这一现实：也许臣服与接纳才是唯一出路，生命唯一的答案是对所有的发生说"是"。

对抗和恨这两条路，你已经用自己的生命经验去证明了，走不通。恨消除不了恨，你的工作、健康、感情都出了问题，这些都是恨的代价。对一些人来说，恨之入骨时，甚至可能会付出生命的代价。你真的愿意再继续这个模式吗？你愿意把生命消耗在恨上？你想不想把"受苦模式"调为"幸福模式"呢？

我有一个刚结束的个案跟你分享。案主的情况跟你类似,她生于潮汕家庭,家里育有三女一男。她排行老二,被父母和爷爷奶奶、外公外婆"漠视"(她的原话)了20多年。这位非常漂亮的案主,发自内心喊出的话却是:"我讨厌做女人!"她30多岁了,谈过两段恋爱都无疾而终,对象的共同特点就是条件远不如她,旁人无法理解她为什么会跟这样的人谈恋爱。有位条件非常优秀的男士追求她,但她一直拒绝。个案中,她看见了自己一直有着"不配得到"的低价值感。

长期被"漠视"的结果,就是她拼命成为"女汉子",扛起整个家族的重任。表面上她非常讨厌家人,可是又给家里人找工作、找对象、买房、买车……花自己的钱,搭上时间与精力,结果换来的却是全家人的愤怒。她经常一言不合就摔门而出,几天后又觍着脸去当家族里的救火队员,在各种场合里,拼命刷自己的存在感,突出自己的重要性。当她去整了容,买了名牌包包、豪宅、名车后仍然开心不起来时,她察觉到自己有问题,于是,才有了这次个案咨询。

不知道你是否可以试着去承认,恨的背后也是爱。说起来,她的经历不比你更顺利,她还清楚地记得奶奶与爸爸吵架后,受了羞辱的爸爸把只有五六岁的她扔进池塘里的场景。这样的创伤在一个幼小的心灵里会烙下什么样的阴影，常人无法理解与想象。在疗愈个案中，我请她与父亲、祖先们联结、和解，给予过去尊重与臣服，把生命放到更大的背景板上，去理解这些因为无明而盲动的生命；同时，也请她去看见、理解每个人都有的局限。

在疗愈的过程里，她使尽全力喊出已经堵在喉咙里许久的话："爸爸，我恨你！我恨你！我恨你！"充满愤怒的声音几乎震翻楼顶，我想这句话也正是你想喊的吧。可是，当她声嘶力竭、浑身瘫软后，我引导她喊出的却是："爸爸，我爱你！爸爸，我想救你！"案主泪如泉涌，泣不成声，这两句话才是她埋藏很深的真实心声。于是，那个因为连生三个女儿，在家族面前抬不起头，经常被羞辱，一生沉默寡言、木讷内向，只能以暴力还击的可怜父亲被理解、被看见、被还原、被尊重了。直到这时，交还父母命运的仪式才算顺畅地完成。当我把有封建思想的代表加入场域，安置在家族重男轻女的信念背后时，她释然了："是的，我尊重这一切的历史渊源与背景，但从我这里开始，我接受并尊重自己的性别，生而为人，我是有价值的，我可以活得与先辈们不一样。"

还有一个个案，也与你情况类似。她来时，满脸横肉，浑身戾气，她愤怒地抹黑她的家人们："他们都是'恐怖分子'，我把他们全部拉黑了，包括我妈！"她抑扬顿挫的话语把在场的同学都逗笑了。我看着这个40岁噘着嘴的"小女孩"，也笑了。个案的和解过程是漫长的。当她终于说出"好吧，今年清明，我到父亲坟上去看看他"（她的父亲已去世10多年，因为她一直拒绝承认父亲已经去世的事实，拒不接受分离，对深爱的、有着强联结的父亲充满责怪，所以一直拒绝去给父亲上坟）时，我知道，她内在的松动终于发生。

现在的她，经常在朋友圈晒她与两年前她所说的"恐怖分子"们的照片。当我看见她能咧着嘴与母亲、兄弟姐妹们开怀大笑时，我知道：爱，回来了。

改变，只有当你再也不想在旧模式里轮回时，才会发生。也只有在你愿意看见你在家庭中的错位，以及盲目的忠诚与爱时，才能找回自己，回归本位。正确序位里的爱，才是成熟而智慧的，才能到达每位家人的心里。

我们拯救不了任何人——即使是我们的亲人，就算我们把自己的健康、事业、金钱、亲密关系，甚至我们的人生都搭进去，也承担不了别人的命运。我们能做的唯有先活好自己，再去影响别人而已。

祝福你！相信这一天很快就会到来。

Q2 舍不得妈妈受苦，怎么办

我妈妈每天都忙忙碌碌的，很少看到她闲下来，每天她都有操不完的心。在我的印象中，妈妈总是在照顾爸爸哥哥和我，唯独疏于照顾自己。到了我家，妈妈还是要忙着拖地，帮我洗衣服……这让我很心疼她，让我心里很有压力，甚至有时我还会很生气。我该怎么办呢？

回家，对妈妈说："亲爱的妈妈，我把属于您的命运交还给您。我尊重您的命运，理解您的选择，接受您本来的样子。在我家里，您不需要替我做家务，我是成年人了，自己可以完成。亲爱的妈妈，感谢您给了我生命，您受的苦不会白费。我回报您的方式是把您的爱传递给后代，传递给周围更多需要帮助的人。我会继续孝顺、赡养您，请您不用再操那么多心，请您不要只为我们而活，请您安心快乐地为自己而活吧！我们全家都支持您！"

也许这个改变的过程会有些漫长，没关系，当妈妈收到家人对她的尊重与爱时，她不仅会感动，也会考虑自己接下来的人生是否可以换一种轻松快乐的方式活着。

我们工作坊的一位案主，她母亲就是一个典型的学会为自己而活的女性。自父亲去世后，案主一直与母亲相依为命，舍不得让母亲吃任何苦。也因此，她站到了代表妈妈情绪配偶的位置上，小大人似的长期照顾着妈妈，表达着错位的爱与忠诚。她相亲时提的条件就是，要求男方接受她的同时，必须接受自己的母亲与他们同住。而她母亲的心理年龄尚在幼年，虽然家务事样样精通，但非常依赖儿女。每天下午做好饭，她就饱含深情地站在阳台上，眼巴巴地盼着女儿、女婿回家。同在一个屋檐下，当然会影响小两口核心家庭的生活。她也经常插手儿子家的事务，对儿子和孙子都充满担心，弄得儿媳与她势不两立，甚至要离婚。

案主来做完自己的个案后，也让自己的母亲来认领回自己的命运及人生。这位母亲在个案后决定真正长大成人（之前，她的心理年龄比女儿更小，只有四五岁），让自己的晚年生活展开新的蓝图。经过内心多次的矛盾与挣扎，母亲接下来的变化令人惊讶。搬离女儿家开始独居的她有了自己的朋友圈、自己的业余生活和自己的兴趣爱好，每天开心快乐得不想回儿女们的家，身心都达到前所未有的健康状态。她说自己终于长大成人，做回自己了，虽然有点晚，但是很幸运。以前总是无力地依靠他人，现在学会为自己而活，太棒了。

现在他们一家人都是我的案主，他们生命里的巨大变化也让我感动、感慨。生命就是这样不可思议，只要有改变的意愿，什么时候都不迟。

案主与母亲的共生关系，直到自己和母亲都整合成长才真正解除。过去盲目而错位的爱，无人受益，家庭生活尽是困扰与纠结，家庭成员也付出了身心健康的代价。现在他们全家，各自都在自己正确的序位上，以一种全新的成熟而智慧的方式去爱、去联结、去流动，快乐时时，幸福满满。

父母和子女的关系，就是一场父母抚养子女成人，然后目送子女离开的过程。生命之河滚滚向前，河水不可逆流，我们回报父母的方法唯有做好自己，把生命传承下去，多做好事，让父母因你而荣耀。

愿你从这些个案中得到启发。祝福你及你的家人！

Q3 怨恨又心疼妈妈，怎么办

在慢慢接触心理学后，我意识到自己时而自卑、时而自傲，爱嫉妒、爱攀比，没有自制力，缺乏安全感等很多的缺点都是幼时妈妈的畸形教育所导致的。我因此开始怨恨妈妈，经常和她置气，但看见她难过又觉得自己不孝，我该怎么办？

除了经由父母得到的生命，每个人的命运里一定有家族附赠给我们的部分。但我们可以自由选择，是要活得与他们一样，还是带着对他们的尊重与爱，活出自己的版本。你可以继续孝顺、赡养妈妈，尊重她的命运，放下对她的怨恨，理解她的局限，接纳她本来的样子；同时，为自己的生命负责，承担自己的命运。这条路，我也走过，我想告诉你，它走得通。成为自己成为爱，才是对母亲养育之恩最好的报答，把爱散播与分享给更多的生命，也是母亲能从孩子处收到的最好的礼物。

看见自己的阴暗面，接受并拥抱它。当你允许自己与自卑、自傲、嫉妒、攀比友好相处，谢谢它们曾经做过你的朋友，当你更放松时，改变便会神奇地发生，你的自制力也会出现。你的安全感会因为你的调整与改变而建立，因为你已确定，自己就是自己最大的靠山，这世界上最懂得自己的就是自己。

我们所走过的路，都是必经之路。我们无法选择父母，可是，我们能够选择自己的人生方向。

母女之间，相爱相杀，相亲相怨，是最深刻动人而又充满冲突的联结。去看见母亲已经给了你她仅有的，而在你表层的愤怒怨怼之下深藏着对她的爱。回到自己的位置上，让爱流动，这便是世间最美好的因缘了。

请允许自己像花一样绽放。祝福你！

Q4 如何帮助家人走出困境

父亲重病，弟弟即将上大学，家中急需大笔的钱，我心里特别着急。可是，大学毕业后我进了事业单位，虽然工作稳定但是工资不高。家人都不同意我辞职去做比较挣钱的工作，每次一提起辞职，家人就要翻脸。我该怎么去帮助他们又不让他们伤心呢？

也许在家人的心里，稳定比钱更重要，这能够给他们安全感。人们总是讨厌变化。何况，你怎么敢肯定，辞职就能赚到更多的钱呢？这恐怕也是家人担心的地方，他们内在的恐惧往往会被变动触发。人类生存的原始本能需求是安全与稳定，在他们心里，这也许才是当下最需要被满足的。帮助家人，尽力就好。急需的钱，总是有办法可以筹到的。

需要注意的是，不要把自己放到"大"的位置上，不要把全家人的命运都扛到自己的肩上，拯救者是家庭里最辛苦又最易招致怨恨的，一旦你站到了拯救者的位置上，其他人成长的权利便被剥夺了。而你就会坠入越帮越忙、费力不讨好的境地，甚至整个家庭也会出现乱成一锅粥的局面。爱他们，却不为他们的命运负责，此即界限。这并非冷漠无情，而是，只有你界限清晰，不僭越、不越俎代庖,他人的成长才可以完成,他们的生命力才可以全然地释放出来。

绝大多数家庭都有家庭复原力(family resilience)。当困难来临时,家庭就有了一个新的整合与适应的契机,可发展出内在更强大、更茁壮的生命力。多年前,我曾参加马奥博老师家排工作坊的个案,记得有个个案,竟用了 11 个代表。

从个案里可以看出,家族对一个人的影响有多深。案主在错综复杂的家族关系里似乎只想逃,但不管逃到哪里,他身上始终留着先辈们的东西,包括像毒素一样的痛苦和秘密,也包括许多代代相传的信念系统,还有坚忍而强大的生命力。

之后,马奥博老师讲了自己在美国排过的一个个案,他说,这个个案是为所有人排的。

当时一个黑人案主把自己的 15 个祖先排出来,用语言叙述他们痛苦、悲惨的生活和负面的情绪。这些代表无一不佝偻着腰,驼着背,充满无力感。

当案主突然从访谈席上站起来,主动谦恭地对着自己的祖先说"你们虽然身为奴隶,但也活了下来,这真是生命的奇迹"后,一半的代表都挺直了腰。

第二章 归位——与原生家庭和解

案主接着说:"你们的生命力和创造力真是不可思议,在艰苦的条件下,你们也能谈恋爱,结婚生子,繁衍后代,让我们的家族和生命得以延续……"

这句话说完,全部的代表都站直了身体,内心充满了力量……

马奥博老师称这为"黑云综合征",即用负面的痛苦、负担、悲惨等信息来叙述自己的祖先时,家族似一团团拨不开、理不清、层层叠叠的黑云。而当我们用欣赏和感激之情来讲述他们,强调他们带给我们的正向影响和意义时,光明便会穿透黑云发出光亮,家族也会重新充满生命力。

当我们面对下一代时,也要用这种欣赏和感激的方式来叙述我们的祖先,这样孩子们才能真正找到家族归属感,而不再需要共同承担家族的痛苦。所以,不要小看我们家族的自我修复力。放下拯救的心,各归其位,信任每一位家庭成员,互相协助、支持,施与受平衡即好。

祝福你!表达爱与忠诚,不一定非要用"家族式遗传病",生命总还是有其他备选项的。

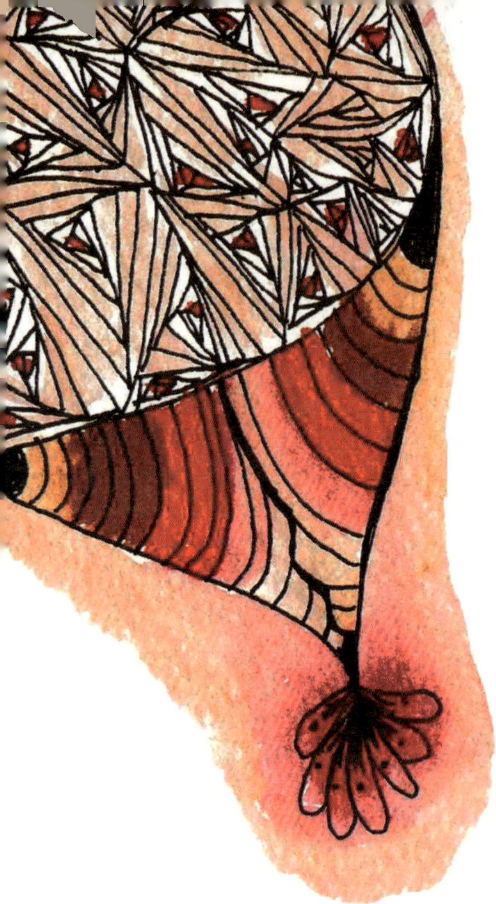

Q5 如何从与母亲的能量纠缠里解脱

我已经 30 岁了，但始终在意母亲对我的评价，无论积极的还是消极的。我把对自己的评判完全交给了母亲，会因为她的好恶而动摇自己的决定，甚至对他人的评判也会受到母亲影响。我能感受到自己内在的挣扎和想摆脱的欲望，我很想好好地做我自己，不想在心理上被亲人牵扯。我该怎么做？

分离时，痛苦是最明显的感受，但只有经历这份痛，才可能真正地分开、成长。如果不接受这份痛，只会把自己困在纠缠的困局里不能自拔，那是一个孩子不能为自己负责的表现。这样相爱相杀的共生关系，表面上是爱与依恋，实则抹杀了双方各自成为自己的成长良机，让两个人的命运交织、纠缠在一起，混乱、失序、迷茫、绝望。

虽然你的生命是由父母从祖先那里接过来，赋予你的，但你的人生却是由自己说了算。我们交出人生主动权，听由母亲安排与掌控，通常源于生命的早期。在 14 岁前，未曾完整地实现与母亲的分离，心理脐带尚未剪断，自我还未建立之时，我们误以为自己是母亲生命的延续与扩展，因而未曾看见过作为独立个体的自己。这是养育过程里的遗留问题，是母亲自己并没有真正"长大成人"的后遗症，也是充满了盲目的忠诚之爱的孩子的主动选择。相互纠缠之下，结果只会导致家庭序位混乱，双方错过各自的人生。

请感受内在的挣扎与想摆脱的欲望，看着妈妈的眼睛，真诚地对妈妈说："亲爱的妈妈，作为您的孩子，我没有办法去承担属于您的命运。请您理解我，我也有自己的命运需要去承担。在我的心里，您是我最恰当的母亲，我的心里永远有您作为母亲的位置。也请您在心里，为我留一个孩子的位置。我把您对我的评价也完全地交还给您，它属于您。我收回自己对人生的决定权、选择权，同时，我会为自己的决定和选择负责。我是成年人了，我可以做到。我相信您会理解我！亲爱的妈妈，如果我能健康、幸福地活下去，请您允许我、祝福我！如果我活得跟您不一样，也请您理解我、支持我！"

主动剪断这条最为坚固、结实的心理脐带确实不易。你们都要舍得让对方受苦，放下对对方的担心，解除惯性的依赖……我的心灵成长启蒙老师胡因梦，她是在自己38岁时才与母亲真正分离，而我与母亲的心理分离也经历了相当漫长的岁月。

在我服务过的案主中，这样与母亲相爱相杀，陷入见不得又离不开的纠结、痛苦的状况非常普遍。他们付出的代价往往是健康、感情、金钱、事业等多方面的错过或者损失,常常让人扼腕叹息。好在,个案和解后,他们都可以向自己的人生移动,而母亲则成为他们身后那个带着允许与祝福的支持力量。这样的移动总是让人泪目、感动。明明都想好好爱,却因为错了位,成了伤害与拉扯。所以,朝自己的人生移动,现在还不迟,出发吧。

祝福你!

Q6 生活迷茫，是否和原生家庭有关

我从小和父母的联结就很少。我童年是在爷爷奶奶家度过的，后来读了寄宿学校，一路的成长都是跟着自己的感觉走，想做什么就去做。可这么多年下来，我发现自己就和父亲的生意一样，一直在原地打转，根本不知道自己想做什么。在家庭里，我对父亲的很多观点都不赞同，母亲也总是给我制造焦虑。我和家庭之间好像有着很深的隔阂。我要想走出迷茫，是不是需要与家庭和解？我该怎么做呢？

亲爱的，你能做的当然是与原生家庭和解。

原生家庭纵有千般不是，那也是发生在过去。父母对你的最大恩德就是带给你生命，他们是你最恰当的父母。在心里，你可以为他们留一个父母的位置，也请他们给你一个位置。其余的，你都可以自己去创造。同时，感谢你的爷爷奶奶，谢谢他们代替你的父母照顾了你。去与自己的祖先们联结，跟家族联结，跟原生家庭联结，与自己的生命之源联结，这样才可能寻回自己的内在力量。等你重新找到"电源插头"，你身上的能量就会源源不断，你会变得活力四射、充满自信，生命的方向也会越来越清晰地呈现在你面前，你会非常清楚自己要做什么，也会看清工作一

第二章 归位——与原生家庭和解

事业—志业的方向。

假如你没有与根联结,你就会像浮萍一样,随波逐流,被动地因外界影响而变化;更多的时候,你会在涟漪与乱流中,原地打转。身陷迷茫时,想去追逐所谓的成功目标,也只会有心无力、欲速不达。

与自己观点相左的父亲,还有没完没了地制造焦虑的母亲,这些都是多数家庭的常态。成年后的你可以尝试搬出去,自立门户,从空间上远离,这是保持内在平静的首选之策。因为我们无法改变父母,他们的局限只属于他们自己,这些可能会与他们相伴一生。如果他们不思进取、固执己见,那你的选择只有带着对父母的尊重与感恩,成为自己。这也是许多远涉重洋、移居他乡,或者让旅行成为日常的孩子的选择,他们从空间上为自己开辟出自由与自洽的可能性。

没在父母身边长大,或者亲子中断,这固然不幸,但有时候,没有被父母过度重视与期待的孩子是幸运的,因为他们有自己独立、自由、创造的能力,比起那些一出生就被至少六双眼睛盯着,一直养在温室里的孩子要好得多。温室里的孩子不管表现得多好,仍然会遇到"总有人不满意,做什么都是错"之窘境,这样的干涉与侵入,会令他们生命虚弱、无力、拖延、选择困难甚至抑郁，而削弱他们生命力的恰恰是高举的爱之旗帜、密不透风的期待和令人窒息的关心。

相信你寻回内在力量后，一切都会自然清晰、水到渠成地呈现。你会发现，达成目标原来是件轻松、不费力的事。

我们的父母，就算他们不完美，对于我们来说，也是最适合的。如果我们能对父母说："你们做到这样已经很好了，已经尽力了，剩下的，我来。"你就会发现你的人生之路将会很顺畅。

祝愿你早日走出迷茫！

Q7 不想重复父母的模式，怎么办

父母都是没受过教育的粗人，大部分亲戚也都是。他们对我的要求非常严格，非常专制，我的言行必须符合他们的要求和想法。久而久之，我陷入了不敢去沟通，但又不想重复也不可能重复他们的人生的境况。我该怎么办？

众生无一不追求离苦得乐，你的父母和亲戚也不例外。他们把改变人生际遇的希望寄托在你身上，才有了那么多专制的行为和要求。他们已经放弃了自己，只能把希望寄托在你身上。对你来说，这份众人的期待的确太沉重了。

把生命放到更大的背景板上去看待，对他们说："我尊重你们的命运，理解你们的局限，我明白你们都是因为爱我、关心我，才提出这些要求，现在我带着尊重，把属于你们的期待完全地交还给你们，那只属于你们，我会把你们给我的爱传递下去。同时，请允许我活得跟你们不一样。谢谢你们！"

当你能够被允许活得与他们不一样，当你自己同意自己活得与他们不一样，你就有更多的自由空间。这个空间就是你身上家族传承下来的一部分，你可以调整与修改它们。另一些部分是良好的传统与信念，你可以带着尊重与臣服，将它们保留下来，传承下去。你是家族中的一分子,同时,你又是独一无二的自己。既联结,又区别;既继承,又创新。这就是你可以做到的,以最恰当的方式。

父母对孩子真的很重要,被给予了过多的爱的孩子就像救火队员,不是救爸,就是救妈,根本无法停歇,也无暇他顾。父母给孩子太多,孩子是无法感恩的。

你可以尝试敞开心扉,冒着受伤的风险,与他们以非暴力的方式开诚布公地沟通,最大限度地达成共识,勇敢地放下他们旧有的期待与束缚,带着内疚,朝自己的人生移动。每个生命都有成为自己的可能性。加油!祝福你!

Q8 如何摆脱从父母那里继承的行为模式

在进入亲密关系之后,我发现自己很多行为模式和母亲很像,比如对冷战以及其他很多问题的处理方式,几乎都是从母亲那里继承来的。我想改变,可是这股力量又很强大,似乎无法撼动。我该怎么样做,才能摆脱从父母那里继承的行为模式呢?

亲爱的,你可以试着用一张纸来做个作业,凭直觉分别写出父亲、母亲的十个特点,然后写出自己的十个特点,把跟他们重合或类似的特点勾画出来,你就可以很清楚地看见你和他们行为模式的相像之处了。

相像并不是什么问题,生命就是这样代代相传的,所以,我想还用不上"摆脱"这样的词语。"家族式遗传"是非常普遍的,你是父母的孩子,他们是你人生最早、最主要的老师,正因为这些传承,你才成为你。只是,对有些行为方式,你有了觉知后,可以加以改进,可以跟他们不一样。所以,请闭上眼睛,对眼前的父母说:"亲爱的爸爸妈妈,我很高兴成为你们的孩子,你们是我最恰当的父母。我知道我身上流着你们的血液,也有很多行为方式跟你们相像,如果有些部分,我想做些改进,请你们允许我这么做,如果我活得跟你们不一样,请你们祝福我。"

然后，跟随你自己的内在，活出自己吧，不用摆脱，只是觉知、改变、调整。以冷战为例，母亲用冷战让自己处于冻结、麻木状态，不去感受痛，当然也感受不到喜乐。这是一种自我防御的封闭机制。你可以不用冷战这种伤人害己的方式来处理问题，也不用身陷坏情绪里，被它掌控。每当坏情绪产生时，看着它，试着用量化的、客观的，不带任何指责、批评、抱怨的语言、语气、语调来陈述这股怨气的形状、大小，置于身体何处和给自己带来的感受……如实如是地与勾动了这股情绪的对方沟通，不添油加醋，不无限演绎，你会发现这样抽离、客观的非暴力沟通，会让大家都轻松自在且联结得更为紧密。等心力强大起来时，你还可以深入情绪的旋涡中心，体验它，拥抱它，看着它在你的允许接纳中慢慢平息。当你懂得情绪后面躲藏着的正向意图时，你会更加理解自己，了解内心的真实渴望与需求。反之，你越想彻底摆脱这种模式，反而越会呈现这样的模式。因为越拒绝，越成为；越排斥，越相似。就像我的一位德国老师说的，他从小就不希望成为父亲那样的男人，可是长大后，他却发现自己连打领带的方式都跟父亲一模一样。

幻觉，终究是要破的，倒不如，回来面对真相。带着觉知，让自己的人生版本多点章节，多些新鲜的可能性吧，祝福你！

Q9 对至爱亲朋，我可以说"不"吗

春节的脚步越来越近，于仍未脱单的男男女女而言，这脚步却犹如午夜场的恐怖片里，那令人心跳加速、惶恐不安的配乐，让人体验到心惊胆战的同时，还品尝到无路可逃的绝望。

好不容易趁着春节假期，飞奔到父母亲戚身边。然而，一场场热心而细密周到的盘问早已等候多时：还没找对象吗？上一个不是挺好的，怎么又分手了？你公司里的那个男同事就不错嘛！你小学同学孩子都上初中了！我们已经给你物色了一个相亲对象，条件很不错……

没完没了，围绕着你的婚恋大事，全家总动员，甚至亲朋好友齐上阵，你的婚恋成了聚会时最重要的谈资与主题。仿佛你是身上挂满了相貌、年龄、身高、体重、收入、工作、学历等诸多标签的商品，供人审视，任人拣择。

在这些"热心"面前，你无处遁形，一切都不得不"被包办"，不得不"从实招来"，你成了一个待价而沽的商品。在焦虑与担忧中，亲情与管控界限模糊。这种以爱之名，以关心为幌子的"热心"，让你感觉不到被尊重、被理解，更无法感受到被爱包围的幸福。你在这些"包办"中，烦恼丛生，只想远离。因为，在这

些所谓的爱与关心背后，真正的心理动力通常是恐惧、担心和掌控。真正的爱是"如其所是，如其所愿"，爱他，就让他成为他自己。催促与包办，更多的是为了家人虚荣的面子，毕竟，长期以来，他们都活在别人的评判与价值体系里。全社会的焦虑，都在驱动着大家奔赴一个表面的"完整"——结婚生子。这一目标可以让许多人逃开内在身心的不完整，还可以逃开自己内在幼稚且拒绝长大成熟的真相。

这一切的发生，已经远远超过你能忍受的界限。而我们在面对被安排时，往往只会有两种态度：忍或离。不管是忍耐还是疏远，都不是最佳方案，且对自己和家人都会造成或大或小的伤害。从小到大，被遗弃、被吞没的恐惧，经常会抓住我们，让界限难以建立。"大母神""妈宝男""公主病""大叔控""巨婴"等这些蔑称，无一不在表达界限缺失时人的异化、关系的扭曲。

自古以来，中国人的边界意识是普遍缺乏的。许多家庭成员之间，都形成了一种模糊的共生关系：你就是我，我就是你，我们是一家人，应该一样；你的事就是我的事，我可以替你做主，我都是为了你好，你的是我的，我们的也是我的。我们没有学习过如何确立界限，于是各种关系里的困难与障碍势必接踵而至。

当一个家庭的界限模糊且混乱时，成员之间的关系互动模式也一定存在问题。家庭中会充满纠结、矛盾、冲突、对抗，还常伴着愤怒、怨怼、不满等情绪。如果一个家庭的每位成员都在自己合理的序位（通常以加入这个家庭的先后顺序排位，孩子们以出生先后顺序，包括那些未出生或夭折的孩子）上，成员之间就可以相互尊重、包容彼此，每个成员都可以拥有自己独立的立场、选择、观点，不去过分干涉其他家庭成员的选择和处世方式，也可以不接受别的家庭成员的过分干涉。理想的家庭关系，是每位成员既享有各自独立的选择，又相互尊重联结。

如果你希望自己能从这些无休止的操心里获取一个为自己确立界限的机会，那么，这个春节，你可以带着尊重与恭敬，对父母及更多的长辈们说："对于你们的关心，我非常感激，你们永远都是我最亲的家人，我也尊重和理解你们的想法，我是你们的后代。现在我已经是成年人了，与你们一样，我可以为自己的选择负责，我相信自己有能力做出最好、最恰当的决定。如果我活得跟你们不一样，请你们允许我、祝福我！"

是时候放下隐忍的"孝顺"了。在隐忍的"孝顺"里，埋藏着的负面信息是：你们老了，我懒得跟你们一般见识。这既是一种排斥，又是一种不屑，甚至还有居高临下的僭越与错位。

消极的应付与逃避里隐藏着不满和攻击性。而攻击性，常常伴着愤怒的情绪出现,它有个非常重要的功能就是划分界限。如果你能觉察到自己的攻击性,恭喜你,这说明你的生命还充满活力,因为没有攻击性的人是消沉的、无力的。其实,对至爱亲朋,你也可以说"不"!好吧,不妨从此刻起,开始面对真实的自己,重新建立关系,划分界限,同时,为自己的情绪负全责。跟那个人人称赞的"好孩子""好人"说再见吧。在工作坊里,我经常带大家做确立界限的练习,经常有人无法划清自己的界限,对自己确立界限的要求也说不出口,生怕因此破坏了相互在乎的关系。然而,家排个案里常呈现的事实却是:越勇敢地划清界限,越能让一段关系互动顺畅、和谐持久。勇敢地划清自己的界限,并不带情绪地如实表达:"这是我的界限,没有我的允许,请您不要进来。谢谢!"唯有真实做自己,归位,放下恐惧与担忧,才可能拥有美好、滋养、共赢的关系。

在家庭里如此,在社会上更需如此。当我们没有学会如何确立界限,我们进入社会关系、亲密关系、亲子关系时,便会困难重重。社会上流行的"道德绑架",学校里的暴力欺凌,无一不是界限丧失的结果。

我做报社记者时,因为人脉广,我也热心给单身男女做媒,直到有一天,某位单身人士说:"你是看不惯我们拥有单独存在的自由吧？为什么你会认为结婚就一定比单身好呢？"那一刻，我做媒的热情才冷却、降温，同时，我退出了别人的地盘。是啊，为什么一定要结婚才可以幸福快乐呢？放下"结婚生子才算完整"的"我以为"后，很多人会如释重负、轻松自在。让每个人选择自己的人生，不是一件更美好、更完整的事吗？

某次，去沙溪古镇的叶子家时，叶子家男主人讲了一点小遭遇。每次游客一进店，他总会笑脸相迎，问候"您好！"可是，回应这句问候的人很少，甚至有的游客没有任何反应，眼光更不会与他对视。游客们倒是对他每年赚多少钱、铺租多少、利润多少等非常有兴趣，张口便问。每当这时，男主人总是感到尴尬，只得用半开玩笑的口吻告诉对方："这是秘密，就不告诉你。"明明是隐私，却被人这样随意公开地打听。记得前年去印度朝圣时，导游多吉说经常有中国游客问他："手上的金戒指是真的吗？"多吉百思不得其解，心想："我又不卖给你，真假与你有关系吗？为什么非要打听呢？"

这些小细节，无不透露出一些人缺乏边界意识。而当关系中缺乏界限时，必须有人先站出来，划出并标明自己的界限，就像那位提醒我的单身人士，也正如叶子家的男主人。

一切关系的和谐顺畅流动，皆缘于两个字——尊重。而幸福必然来自和谐的关系。当原生家庭里的成员能够各归其位、各司其职、和而不同时，那么其余的问题便可迎刃而解。相信，恐婚与恨嫁都将不再是困扰你的难题，催婚与逼嫁也不再是你家人心中的重中之重了。毕竟，人生的选择权永远都只能在自己手上。

祝愿你有一个界限清晰、关系和谐美好的人生！愿我们无敌意，无危险，无身心之苦，愿我们保持快乐！

Q10 厌恶自己的女性身份，怎么办

我今年43岁了，因为父母重男轻女，所以我从小就厌恶自己的女性身份。我从未穿过裙子，看到一些女性朋友穿漂亮裙子，只有艳羡，不敢尝试。7年前，我生下了女儿，我发现她也跟我一样，不喜欢花裙子。每次逛街，她要我给她买的都是中性的T恤、裤装，难道她也厌恶自己的女性身份吗？

家族信念系统的传承、延续，成员之间盲目、错位的忠诚与爱，命运的牵连与纠缠的确就如隐藏的动力线影响着人的行为模式。在我的工作坊里，有时会有一个介绍自己的环节，其中有一个自我性别认同的安排，需要发自内心地说出：我是女性/男性。据我观察，男性说此句时障碍较少，部分女性学员要轻松地说出这句话却很难。不少女性学员嗫嚅着或哽咽着，无法说出口。

每个人的生命经验不同，但集体潜意识里的某些观念却如此雷同。我的部分女性案主或学员，曾有生命面临极端危险的经历，比如被奶奶扔到水池里差点儿淹死，大冬天被家人扔到路边差点儿冻死，被母亲单手吊在枯井里"教育"，被放到树林里自生自灭，被送往别人家寄养，被亲人卖掉……

极端惨痛的经历所造成的伤害可想而知，她们的生命蜕变必

须在接纳、尊重、臣服命运，以及愿意探索自己内在的前提下才能发生，而这是需要相当大的勇气与决心的，让自己不再活在自怜里，不再扮演受害者。责任外化、对立冲突是相对简单的，而放下、臣服、尊重、接纳却是困难的。

很多女性案主或学员，在娘胎里或出生时就被期待为男性。原生家庭里没有男孩子，父母便一个劲地"招弟""盼弟""望弟"。有的家族成员在潜意识里深埋着"男尊女卑"的种子，导致有的女性一出生，便被家人嫌弃。这些经历会让女性逐渐成长为"女汉子"。

当然，还有些女孩子由于与未出生的兄弟命运相连，在家庭序位中替他们而活，于是便异化为"汉子"。还有一种可能性是父亲长期缺位，女儿便冲上去占据了父亲的位置，成为母亲的情绪配偶，并异化为男性角色。

欲与男性试比高的历程总是那么艰辛曲折。只要与"男性"这个性别形成对立局面，那么，自己的亲密关系便会首当其冲地成为牺牲品。"女汉子"们走上了只许成功不许失败，救赎父母、家族之路。她们拼命学习，出类拔萃，靠自己的能力赚取金钱，为父母和其他家人营造好的物质生活环境，安排亲朋好友都围绕在自己的"事业圈"内，一人得道，众亲受益。记得一位案主曾说:"我心里也不平衡,我赚了好几百万,把父母从农村接到了城里,买了房,有了车,虽然听到他们在背后夸我也会开心,但我心里却有说不出的苦。很多'80后'都是父母为孩子付出很多,我倒好,是我一直在为父母付出。"这是一个弱化父母、拔高自己,站错位置的"女汉子"。在疗愈过程里,她经历了挣扎与纠结、停滞,她卡在勇于扛起父母重担的"责任"里,错站到了比父母更高的位置上。起先,她始终不肯放下自己身上属于父母命运的重担,生怕他们太弱小,无力为自己的生命负责。当她终于决定放下时,发现父母都露出了笑脸;当她退回到女儿的位置上时,父母回到了自己的位置上,他们靠近了彼此,甜蜜地相视而笑。家排中的这一幕让案主很意外,她一直认为父母关系不好,势不两立,她一直试图做父母之间的小法官。她忘了,那只是她站在孩子角度的判断。这个成见让她痛苦到现在。她抱着自己年幼时的臆测,一直不肯撒手,为了这个成见,为了这个错误的位置,付出了自我性别认同错乱、无法建立稳定亲密关系、身体亚健康等代价。好在,现在她可以活出完全不一样的人生了。

另一位案主今年已经31岁了,父亲还像小时候一样,称呼她为"儿子"(家里只有四个姐妹,没能生出儿子)。这让她非常愤怒,无法处理好自己的亲密关系。同时,她成了全家人主要的经济来源,她的收入要养活全家。这样的重负,既让她喘不过气,又让她成了家里其他姐妹的众矢之的,她们对她也有说不完的、因内疚而生的愤怒。在亲密关系里,她也无法把自己完全当成女性来投入。家排个案中,她跟自己的祖先、父母重新联结,让生命源头的力量传递到自己这个后代身上,请祖先、父母都允许、祝福这个后代可以不再重复家族的命运,不再遵从男尊女卑的选择,可以活得跟他们不一样,成为她自己。在后来的疗愈里,她又经历"重新出生"、改写生命剧本、重树自信、强化自我性别认同等课程。当"重新出生"的她成为亲人们期待的女孩子时,她感动得哭了,为那些欢迎、接纳她身为女性的爱的眼神,为那些包容、温暖的亲人怀抱,她终于可以让自己像女人一样地活着了。

个案结束半个月后,她说,与分手已经近一年的男友神奇地和好了。之前她发疯似的找过他,他却音信全无。这应验了荣格所说的"同步性"。单亲家庭里的孩子也容易成为"女汉子",尤其是与母亲相依为命的女孩子,容易成为母亲的情绪垃圾桶,同时,还容易去扛起拯救母亲的大旗。有位13岁的案主,正值青春期,却长成了男孩子的模样。她的日常是上街给母亲当保镖,上床替母亲暖脚。而每当情绪失控时,她会在自己的身上划刀口。她从不敢向母亲发火,因为长不大的母亲活在孩童状态里,除了控诉父亲如何混蛋,就是数落自己是为了孩子再没找个伴儿,让

第二章 归位——与原生家庭和解

孩子内疚自责……当母亲带着孩子来做个案时,我给母女俩的建议是:共同疗愈。当母亲仍然停留在孩子状态、不愿长大时,孩子无法只做孩子,她必然要冲上前去,替母亲挡风遮雨,对母亲呵护有加。而这些,对于一个孩子来说,太难了,担子太沉重了。我从来不信一些案主上来就说的"老师,我孩子有病,治治她吧!"这样的话。这样的家长,我通常会建议他们自己先疗愈。

我自己也曾经是"无所不能"的"女汉子",就像朋友开玩笑说的,每一颗钉子都是自己赚钱买的,从来也没见过伴侣的工资卡。为了证明自己不比男孩子差,我们物化自己的奋斗目标,被原生家庭长久牵连,因为站错位置而身心俱疲。我们强化在亲密关系里独立的地位,而通常这样的强势会带来伴侣关系的失衡,伴侣不是出轨,就是怨恨、对抗,以致疏远、隔阂。当我们真正重新回归到女性位置,放下性别间的竞争之心,能滋养、包容、支持、同理对方时,亲密关系才能走上一条和谐之路。

"女汉子"对自己严苛,有完美倾向,身为"女汉子"很累,压力很大。受"女汉子"伤害最大的是孩子。男孩容易被"阉割",女孩容易内化复制母亲,成为"女汉子"二代。

相应的,男生要如何成为纯爷们儿?首先要去拥抱自己的父亲、爷爷……与家族的男性力量联结。如果联结不上,要尝试与身边的哥们儿联结，去体验各种狂放、冒险、挑战，这都是纯爷们儿气质的来源。女性则相反，要和妈妈、外婆以及姐妹闺蜜联结，活出女性气质。两性在选择伴侣时，正是因为彼此性别气质的不同，我们才吸引对方。哪怕是单亲家庭，妈妈也要不断地对儿子说：你有个好爸爸。让儿子活出他的阳性力量，否则就成了"妈宝男"。妈妈不可以用爷们儿的状态来带男孩子，女性毕竟是女性，如果这样儿子可能会出现性别认同混乱。父母们，让你们家的男孩成为男孩，女孩成为女孩！我们生长在一个共依存、界限不明、共生关系强大的环境里，如果家庭成员在序位中存在错位，在家庭关系里害怕冲突、对抗，每个人都想做那个人人称赞的"好人"，我们就会付出相应的代价。当错位、越界行为发生时，我们必须勇敢地说出："不！这是我的界限，没有我的允许，请你不要进来。我尊重你的界限，同时，也希望你能尊重我的界限。"对不懂感恩、无法付出的索取者、受害者来说，设立界限，对于他们来说，是最好的疗愈方式，是对他们最好的帮助。

想起自己曾经的生命状态，想到这些女性案主与学员，特地写下这些文字，作为礼物，送给亲爱的她们：请心怀臣服与接纳，退回到自己的位置！请心怀尊重与接受，交还父母的命运！请心怀感恩与感激,谢谢伴侣的陪伴!请心怀慈悲与关爱,让孩子安心做孩子!请自豪地向世界大声宣布——我是女性,我值得被爱,我与男性一样,都有身为人的生命价值。

阴中有阳,阳中有阴,孤阴不生,独阳不长,我们与男性一样,都是这个世界缺一不可的存在。愿亲爱的女性朋友都善待自己,做智慧而有力量的女人!

Q11　如何化解与父母的对峙

我目前正在与父母对峙。因父母对我童年造成的伤害，而过去一直埋在我心里不敢说的话，在不久之前的一次争吵中通通脱口而出了。虽然后来父亲向我道歉了，但那又怎样呢？道歉就算完事了吗？这段时间我不愿见他们，我们都不知道该怎么办。

对峙再久，你也无法否认一个铁定的事实：父母带给你生命，你经由他们的结合来到人间，这是你此生能收到的最宝贵的生命礼物。是珍惜它、传承它，还是漠视它、毁掉它，由你决定。但同时，你也必须为自己的选择负责。

也许你的父母不如其他的父母那么完美、贴心，但对你来说，他们是最恰当的父母。尊重他们的命运，理解他们的局限，接受他们本来的样子，我只能如此建议。父亲向你道歉了，真是位不可多得的好父亲。从传统家庭系统原则上讲，父亲是不需要向孩子道歉的，因为作为生命传续者来说，他们都已经尽全力做到最好了。在传统中，孩子也没有资格谈原谅父母。因为父母大，孩子小；父母决定，孩子跟随。

当父亲主动向你道歉时，你是否可以看见他内在那个无力、羞愧的"内在小男孩"？也许，透过这个小男孩，你还可以看见父亲的童年，他的成长环境，看到成年后的他，看到他与你母亲结婚，看到他们盼着你出生时的样子……

当你看见父亲日渐苍老的脸庞，已经居高临下站在家庭序位高处的你还能不依不饶吗？让自己学着长大吧，不再以赌气撒娇的孩子眼光和视角来看待父母，不再抱着自己十岁前的成见来报复日渐衰老的父母。只有孩子才会一而再、再而三地期待父母可以给得更多。

如果你认为自己是个成年人了，那么，对已发生的给予接纳与尊重，对自己的命运说"是"，这是你目前唯一可以做的。生命之河总是这样滚滚向前，代代相传；他是大的，你是小的；他给予，你接受，并传递给后代。

当你可以以一个成年人的眼光来真正看见父母，理解他们做了当时最好的决定与安排时，你会发现自己终于自由了！

一个已经成年的孩子，如果还与父母牵连纠缠，耽溺于父母无微不至、大包大揽的"爱"中，就只会相互拖累，孩子也无法走向自己的亲密关系，无法遇见成年人之爱。

祝福你！

Q12 如何处理因亲人患抑郁症而带来的负面情绪

我弟弟有抑郁症,但他不肯吃药,常常有一些暴躁的行为,这让我们全家都陷入悲伤的情绪中,已经持续好多年了。我也知道这种负面情绪能量很强大,但不知道如何改变,我觉得好累,有时会胸口莫名地闷到想哭。

当一个人身陷沼泽时,唯一可以救起他的方式是:站在岸上,拉起他。而你们全家采取的方式却是:集体沉入沼泽,与弟弟共苦。这样的方式,既无法自救,也无法救起别人。所以,要想让弟弟康复,你们必须先回到岸上,先有立足之处,稳定自己,然后才可能真正给弟弟提供帮助与支持。

你是否看过一个小马身陷泥沼的视频?牧马人在打捞无望的情况下,用了另一种拯救它的方式——放出马群,让它们绕着泥沼狂奔,用群体的力量感染、鼓舞小马,最后,小马终于靠一己之力,挣扎出了泥沼。身陷抑郁泥潭里的弟弟就是那匹无助的小马,而那些奔驰的骏马就是世间他能遇见的亲人与良友,你们可以成为唤起他决心与勇气的马群。

在我们的家排个案中,也经常会有类似情况的案主,有不少案主与父母、家族命运或者家族里未活下来的孩子们和解后,重

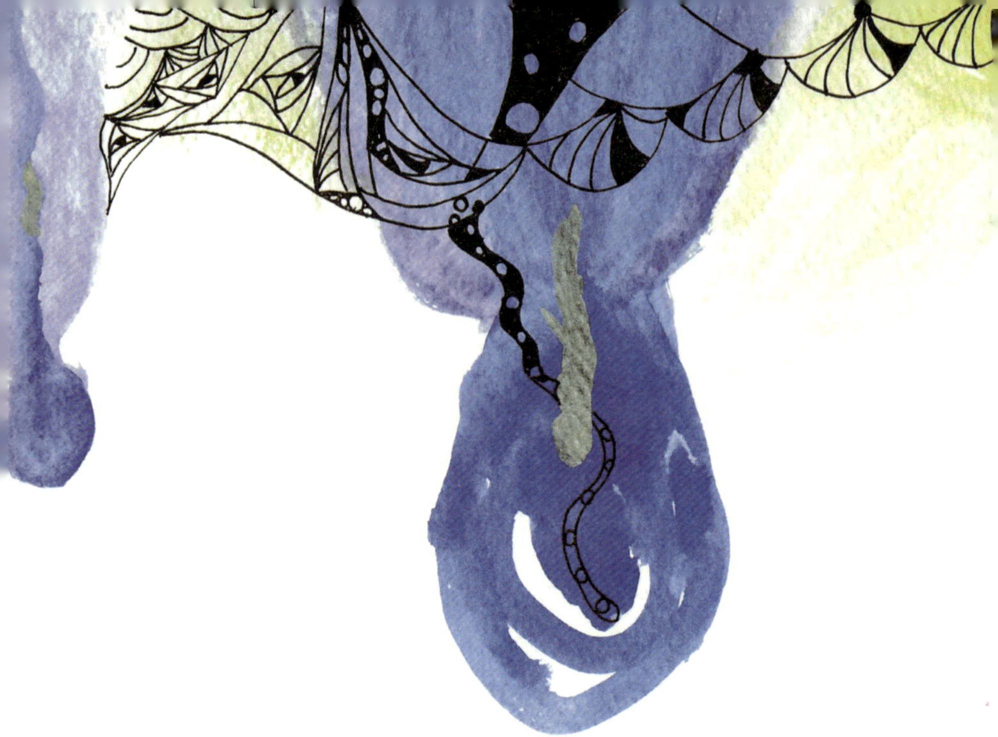

新爱上了自己，找回了内心的力量，摆脱了抑郁状态，不少还成为助人工作者。抑郁，有时是一个人终于卸下重担，不想再当乖孩子的理由。这个症状，于他的人生而言是个暂停键，对家人而言，往往是考验耐心与包容心的节点，你们是否能够允许弟弟"暂停"，是否有足够的包容与理解，允许这个生命有自己的成长节律？你们是否也可以像奔马一样展现出生命的激情，成为他可以效仿的样板？

待他走出抑郁的泥潭，再回望，抑郁的经历会是他人生经历中一个非常宝贵的资源。于家人而言同样如此，如果不耽溺在负面情绪里唉声叹气，不只是强化自己的无力感与脆弱，而学会葆有自己的界限，共情、尊重、无条件地爱与支持亲人，生出对亲人的慈悲，你也可能在这段经历里获得智慧。

溺爱是软弱无力的，爱要有分寸。我们都在情绪之苦中颠沛流离。了悟真相，才能出离。

祝福你们！

Q13 要去寻找亲生父母吗

意外得知自己的父母其实不是亲生父母后,我的头脑一片空白,好像连接生命的线忽然断了,世界也失去了一些意义,我不知道自己该何去何从。在这种情况下,我该怎么办,要去寻找自己的亲生父母吗?

首先,感谢自己的养父母:"你们代替我的亲生父母照顾了我,提供了我赖以生存的一切条件,也给了我温暖与爱,让我好好地活了下来,你们尽了你们最大的力量,谢谢!"

至于亲生父母,你可以依照你的内心动力,看见自己的真实愿望,自己去选择,做出找或不找的决定。在我工作坊的案例中,已经有好几位被领养的案主在做完家排个案后,都找到了自己亲生父母。看似很神奇,其实是必然,念念不忘,必有回响。

如果没有找到,也无须遗憾,请在和解冥想中跟他们联结(如果找到,请当面跟他们联结):"感谢你们给了我生命。我尊重你们的命运,理解你们的局限,我相信你们做了当时最好的选择与安排,我接受你们本来的样子,我也相信你们会为当初离开我的选择负责,并付出代价。你们是大的,我是小的,在我的心里永远有你们作为父母的位置,也请你们在心里,为我留一个孩子的位置。谢谢你们,我爱你们。"请试着去看见亲生父母身后站着的家族祖先们,对他们说:"我是你们的后代,身为你们的一分子,我很荣幸,我尊重这个家族所有的过去,我尊重每一位亲人的命运,我会把你们给我的生命和爱传下去,我用这种方式来回报你们曾经所有的付出,我会用自己的生命去服务更多的生命,我用这种方式来使你们因我而荣耀。如果我能幸福、健康、快乐地活下去,请你们允许我、祝福我!"

同时,对自己说:"我健康地活下来了,我看到自己身上这股强大的生命力,我是有力量的人,我值得活下来。"

每个被领养的孩子,都同时属于原生家庭和领养家庭两个系统,除非原生家庭主动放弃了你。就算这样,你也可以在心里给两个系统都留下位置。原生家庭给予你生命,于你而言就已经是最好的礼物了,何况还有那么多人曾经在你的生命里奉献过爱与关怀。其余别人没有给你的,你完全可以通过自己去创造,善用此生,多做好事,便是对生育和养育你的家人最好的报答。

做完这些联结、和解,也许你会感到有暖流在你的身上流动,那是来自祖先、父母、养父母的能量,也许你会有寻到根的感觉,且跟自己生命源头有了联结,这些都会让你更坚实地走在人生之路上。

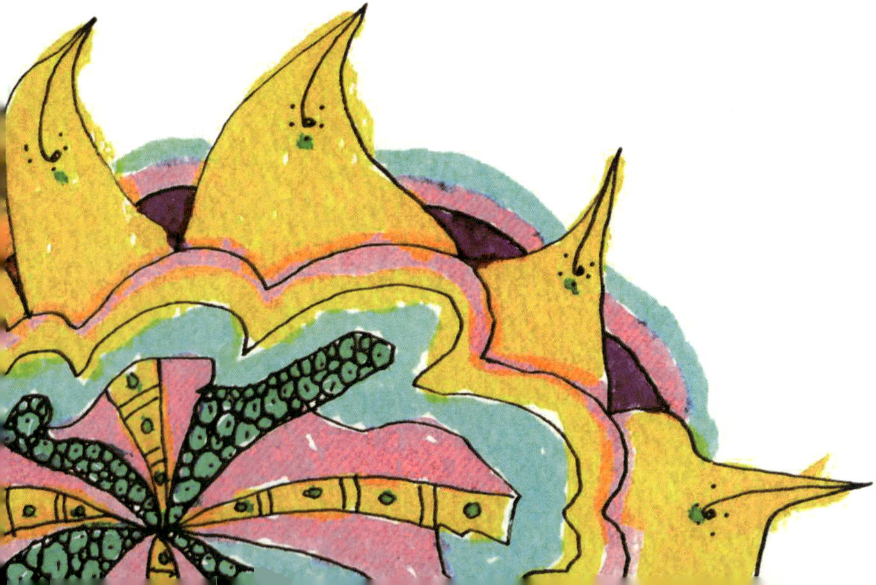

Q14 非常害怕爸妈会不在了，怎么办

我特别害怕死亡，尤其害怕把这个念头加在我爸爸妈妈的身上，我特别害怕他们突然不在了。这种念头突然出现的时候，我会特别恐惧，这种纠结、自责、恐惧伴随了我 10 年。尤其是当我看到一种说法，说是自己的念头会吸引相应的能量时，我就更恐惧了，我不知道该怎么办了。

亲爱的，你能看见这种恐惧，非常好，这后面有很深的分离焦虑，建议你可以寻求专业人士的支持、陪伴，清理、疗愈这一部分情绪。去掉那些对死亡加工、渲染、延展的念头，掸掉蒙在镜子上的灰尘，你会真正看见，让你恐惧的不是死亡本身，而是你对这份关系的执念和紧抓。

同时，你可以把这种恐惧转换成一种正向的能量，可以更珍惜与父母相处的每时每刻，在与他们相处的每个当下，都带着尊重与感恩的心。这两个人带给你生命，这是你花一辈子时间也报答不完的，你能做的就是把他们的爱传承下去。

死亡，于任何人而言，都是不可避免的。正如我们无法控制我们身上的血流量、呼吸、心跳一样。从生到死，是万事万物的自然规律。死亡，它只是生命存在形式的转换，就像水、雨、雪、

霜、雾……本质上，它是相续的，只是在形式上，它被我们二元对立的心区别开了。

我们与父母在这个人世间相聚，定有后面的深意，它是因缘和合的相遇。即使有一天，他们的身体消失了，他们也一直活在我们心里面，因为我们与父母更深的联结是在心灵层次。想想看，你的身上承袭着他们的血脉，你的心里留着他们的位置，你的行为流露出他们的痕迹，你的DNA里有许多家族的信息……

根据过去在工作坊里的观察，我发现一个非常普遍的真相：只要生者好好地善用生命，活在世间，多做好事来纪念逝者，逝者代表就会欣慰而安详地闭上眼睛，进入和平与宁静中。当生者心生执着，紧紧抓住逝者代表不放时，逝者代表无法安宁，闭不上眼睛。这时，我们通常可以观察到生者不肯松手的动力是自己的孤独、内疚、自责、羞愧、恐惧……这些，与逝者无关。这个场域里的观察与发现分享给你。

既然幸运地拥有了这个经由父母传递下来的生命，那么，你也可以把这一切传给你的后代。生命之河就是这样滚滚向前，奔涌不绝的。生如夏花之绚烂，死如秋叶之静美。它们都拥有一样的美，不是吗？

Q15 怎样帮助经常吵架的父母

我父母的关系不是很融洽,他们老是抱怨对方,要求对方做出改变。父亲是个很节省的人,母亲很喜欢打麻将,双方意见分歧很大。母亲脾气不好,不好沟通,他们只要一沟通就要吵架……我很想开导他们、帮助他们,却不知从何做起。

在我抖音和其他视频号的短视频里,评论最多的是一条"父母吵架,走为上",意思是父母吵架时,你最好不在场,这样,父母的冲突才不会因为要拉着你评理,让你当"法官"而越演越烈,越争越离谱。可是,孩子们的留言往往是这样的:"要是我不拉着他们,他们就拿出菜刀互砍了,已经发生过提菜刀的事了……""我妈太可怜了,我真想冲上去帮她打我爸爸……""每当这时,我的天都塌了,我真希望他们赶紧离婚,真折磨人……""我可怜我爸爸,他总是不吭声,一直被强势的妈妈欺侮……""我不能走,要是出了人命怎么办?"

对父母充满了无条件的爱的孩子们啊,总认为自己是比父母更高更大的"拯救者""法官""调解员"。来,脱下自己的法官制服,退回到孩子的位置吧!心平气和地看着父母的眼睛,对父母说:"我尊重你们的命运,也尊重你们的相处方式,我理解你们的局限，我接受你们本来的样子。我会把你们给我的爱传递下去，传给我的孩子，传给更多需要帮助的人，我用这种方式来使你们因我而荣耀。谢谢你们带给我生命，你们是大的，我是小的。我相信你们会处理好自己的问题，在你们面前，我只安心做孩子就够了。对不起，请原谅我曾经插手太多，谢谢你们，我爱你们。我会继续孝顺你们，赡养你们，让你们安度晚年。我有自己的人生需要面对，你们的兴趣爱好、你们的相处方式，都是你们大人的事，由你们自己决定，相信你们有能力自己解决好。我只是你们的孩子，是小的，我从来都不是你们的父母。过去，是我错位了。现在，我退回到孩子的位置。"

要知道，这是最好的和解方式，也是最利于父母与孩子共同成长的方式，既划清了各自命运的界限，也保持了序位上的爱与联结。这才是成熟而有智慧的爱。反之则会陷入盲目又错位的愚昧之"爱"，越帮越忙，越掺和越起劲，最终把所有人的生命都缠绕进无序的混乱里，可惜、可叹、可悲、可怜。

父母们都带着自己的性格习气，带着家族传承的信念。有的父母有着自我僵化的价值观，抱着改造对方的执念，针锋相对，斗争了一辈子，用尽语言暴力，甚至行为冲撞……但都不可能奏效，因为改变的前提一定是允许对方不改变。这种强迫只会适得其反，被强迫的一方变本加厉、明目张胆地做他自己，个性张扬，目中无人，关系也因此陷入僵局。许多父母都是以相互伤害的方式在共处的，每天一起床便是以指责、谩骂、冷嘲热讽开场的。他们很难在家庭生活里充满喜悦或是开怀大笑，他们中很多人都是回避依恋型人格，既渴望靠近，向往取暖、亲密，又不敢亲密，表现得冷漠、疏离。内外冲突、口是心非的人格模式在老一代人身上特别明显，从他们的亲密关系里就可以清晰地看见。

也许在他们的父母，父母的父母和祖辈们身上，都没有过亲密关系的良好示范与榜样。集体潜意识里男女阵营的对立冲突，家族潜意识里的信念传承，个人潜意识里的改造欲，社会集体潜意识里的男女角色定位等，都可能给你的父母提供指责、抱怨对方的理由。

好消息是，我们可以主动学习内在整合成长，学习在关系里归位，设立界限。只有带着尊重与感恩的心，才可能找到恰如其分的归位之爱；只有破除承担父母命运的幻梦，你才可能看见父母真正的样子。他们比你想象的要强壮许多，没有你的干预，他们独立自主的能力会让你吃惊。只有这样，你也才可能真正活出自己的生命的样子，扛起自己的命运的担子。

别再居高临下地为父母当"裁判员"与"小法官"了，那不是你的活儿。你在这样做的时候，内心其实是在说：我是大的，你们是小的。这样的颠倒与错位，虽然会带给你一些自以为是的虚荣，但你不仅可能会错过自己的幸福，还剥夺了父母成长的权利与机会。

相信你从来没看见过父母晚上相拥而眠的幸福模样，你被他们白天的各种争吵欺骗了。在我工作坊里的个案场域中，经常有案主看见父母的代表手挽手，甜蜜得很。他们不愿相信："我一直看父母天天吵架，有时还大打出手，怎么会这样？……"就是会的。你回想一下他们是否也一起度过晚上的时光。时至今日，在我的工作坊里尚无一例子女拯救父母命运成功的个案。放手吧，"小超人"，各人命运，各自承担。

当父母双方都陷在自己原生家庭的纠缠里，无法陪伴、支持孩子时，孩子就成了父母双全的"孤儿"。

祝福你！愿你乐于助人的心可以用到真正需要帮助的人身上。

Q16 为什么在负面情绪中才能感觉到安全

我总是习惯性地寻找负面的信息,而且找到之后才能觉得安心、舒服。如果一天都是开心的事情,我反而会觉得心里不踏实,总感觉还有什么事没发生。这是焦虑症吗?我应该怎么改正呢?

亲爱的,请闭上眼睛,深呼吸。请对站在你面前的父母说:"亲爱的爸爸妈妈,请允许我跟你们不一样。"再去体会身体的感觉,是否轻松许多?是否比你活在负面情绪中更安心、舒服?

我在工作坊里给同学们做过一个盲排练习,我放了一个代表,他代表"拥抱生命的幸福与喜悦",全场同学居然没有一个敢主动走向他。我们不是在追求身心整合与成长吗?我们不是在追求那个更好的自己吗?我们不是天天喊着口号"丰盛喜悦"?为什么明明近在咫尺,却无法向他移动? 能够允许自己快乐幸福,能够带着内疚自责,勇敢向自己命运移动的人是多么有勇气与胆量啊,他们才能被称为真的勇者!

平静是宽广的,愤怒是狭窄的。为什么我们喜欢选择狭窄的感觉,让自己痛并快乐着?痛苦是沉重的,快乐是轻飘的;从众是虚弱的,创造是强大的。可为什么只有这种负面的感觉才会让我们觉得自己在活着,才有实存感?反而那些宽广、和谐与快乐的感觉被我们排斥？我们不敢拥有，因为我们一旦快乐、幸福，内疚感就会接踵而至，袭扰我们的内心。还有，因为负面情绪在这个压力山大的社会里，很容易引起其他人的共鸣，让你这颗负面的心找到群体的归属感。这也是你觉得安心、舒服的缘由。

不敢开心，那么请回过头去看看自己成长的背景、父母关系、受教育的环境……那里有不敢拥有快乐的负罪感与内疚感的根源。不敢让自己开心的潜台词多半是："亲爱的爸爸妈妈，你们过得不好，我怎么能够独自快乐？我只有活得比你们更惨、更难过、更痛苦，才是你们忠诚的孩子，才能表达我对你们的顺从与爱！"亲爱的，请举起双手，带着尊重、带着臣服，把父母的命运交还给他们。同时，请告诉他们："在我的心里，永远有你们作为父母的位置。也请在你们心里给我留一个孩子的位置。如果我过得跟你们不一样，请你们祝福我！"

亲爱的，每天都有无数喜、乐、痛、苦同时发生，这些事件本身并不会变，可是，你看待它们的心态可以变。你可以去开心享受每一个时刻，如果你清楚每个时刻都是最好的，那么未发生的负面事件就不会被你"期待"，也不会发生、呈现。你会惊奇地发现：开心，才能让你获得真正的踏实。

亲爱的，在父母的祝福中，你可以成为自己，也可以独自快乐。只要拾回自己内心的力量，你的这些焦虑就无影无踪了。

清水才能照见明月，允许自己按下暂停键。当你在忙碌工作或生活的当口，允许自己暂停正在做的事情，去觉知当下自己的情绪、念头、感觉的生灭。

愿喜乐充满你的心！

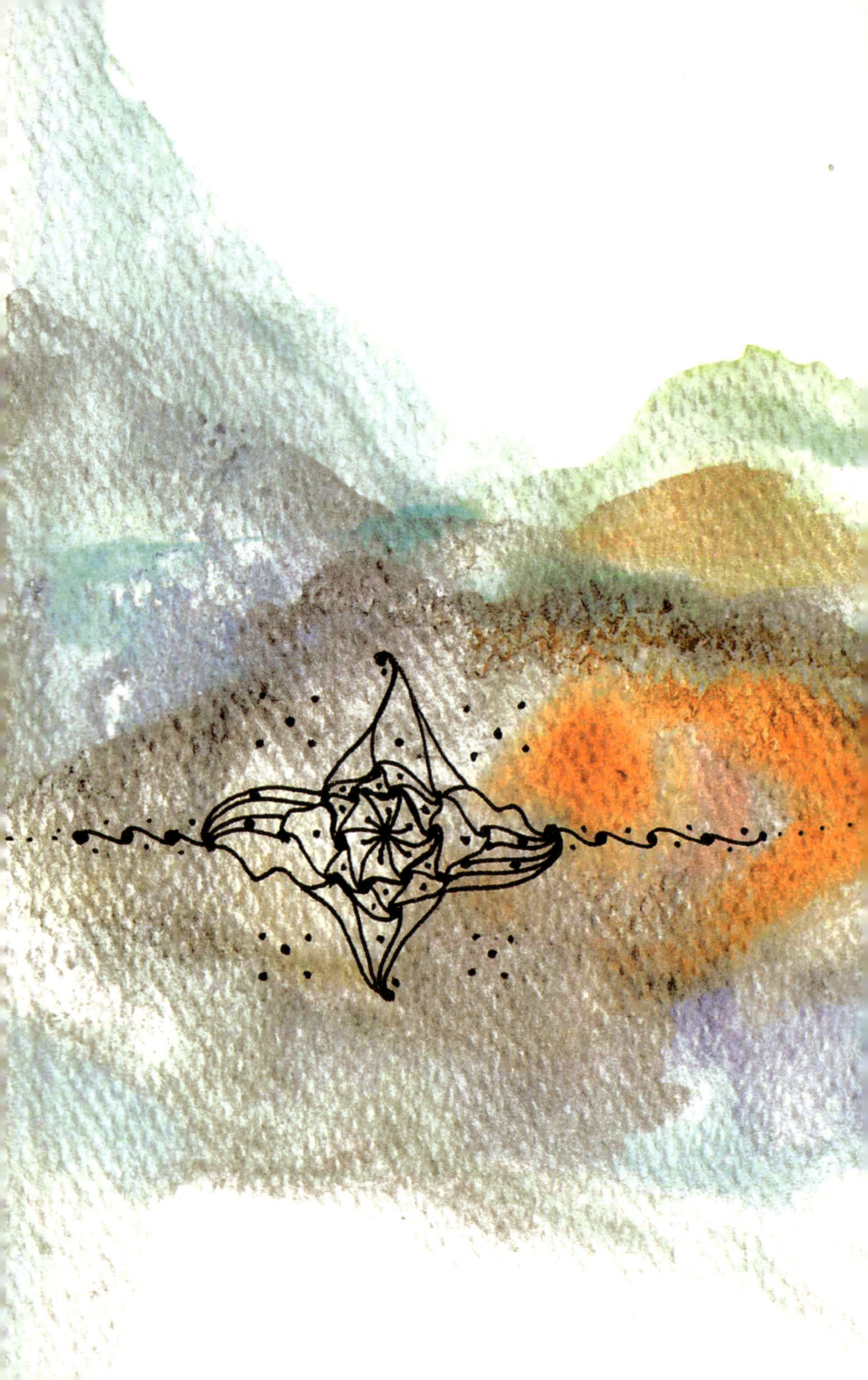

第三章
选择
——建立良好的亲子关系

Q1 人为什么要生孩子

我们为什么要生孩子？是单纯的生物繁衍需求吗？有人说生孩子为了传宗接代，有人说生孩子为了老有所依，还有人说人就是一代一代地相互影响着，自然而然，结了婚就生孩子，不用想为啥。从心灵成长的角度讲，我们应该抱怎样的目的，迎接一个生命的到来？

有人说，老天为生物们设计了一个性快感的陷阱，为的是让生物们繁衍生息，让生命之河滚滚向前。简而言之，生孩子就是为了物种的延续。

为什么要生孩子？当我们问这样的问题时，我们就堕入了功利之中，进入"有所求"的状态里。

在我看来，孩子就像花开后结的果，自然而然地到来。当父母准备好，孩子就会"从天而降"，刚刚好。当孩子来到，我们能做的，只有照顾与陪伴，只有真心实意、无条件地爱。正如纪伯伦所言：

一位怀抱婴儿的妇女说：请给我们谈谈孩子吧。穆斯塔法说：

你们的孩子并不是你们的,

而是"生命"对自身的渴望所生的儿女。

他们借你们来到世上,却并非来自你们,

他们虽与你们一起生活,却并不属于你们。

你们可把爱给予他们,却不能给予他们以思想。

因为他们有他们的思想。

你们能够庇护他们的身体,却不能庇护他们的灵魂。

因为他们的灵魂居于明日的华屋,那是你们无法想见的,即使在梦中。

你们可以努力以求像他们,但不要试图让他们像你们。

因为生命不能走退步,它不可能滞留在昨天。

你们是弓,你们的孩子则是从你们的弓弦上射出的实箭。

射手看见竖立在无尽头路上的目标,

他会用自己的神力将你们的弓引满,以便让他的箭快速射至最远。

就让你们的弓在射手的手中甘愿曲弯;

因为他既爱那飞快的箭,也爱那静止的弓。

如果你已经做好成为"孩子来到世间的管道"的准备,那就请敞开心,流淌出爱,欢迎他吧!

从更高的角度来看，他与你一样，都需要在人间这个红尘里修身养性，得到生命的升华与蜕变。当你这样思考时，是否会更有成就感？因为你有机会陪伴与支持、包容与懂得另一个生命，见证他从受孕到成为自己、实现自己这不可思议的生命历程。作为孩子的父母，你应当可以倍感欣慰了。在陪伴孩子成长的同时，你的内在也会有许多的蜕变与整合发生。最终你会理解：孩子是来成就你的。

对生孩子有了这样的理解高度，相信孩子就不会被当成与父母捆绑在一起的促销赠品，不会被关进狭窄的思维规则里终身囚禁。他可以成为自由自在的生命，全然绽放，饱含热情、热忱、热爱，他还可以把这些热能转化为光，照耀世间，照亮经过的众生。愿这样的孩子诞生在你的生命里，祝福你！

Q2 坐月子时，我该听谁的

我是一个幸福的孕妈妈。孩子快出生了，我同时也面临着坐月子的烦恼：关于月子里能不能洗澡、能不能刷牙等各类问题，不同的人有不同的建议，甚至不同医生的建议也是相互冲突的。我自己没有足够的医学知识，面对相互冲突的信息，到底该听谁的呢？

亲爱的，请放松，用开放、专注、喜悦的心情来迎接宝宝的降生。

当你被这些繁杂、冲突、矛盾的信息纠缠时，腹中的孩子全都知晓，妈妈的所思、所想、所感、所行，他都能全然感应到。所以，让自己安住，听自己内心的声音，不在那些相互冲突的建议中焦虑、纠结。这些建议说到底，都是"仅代表作者观点"。任何理论都有边界，任何实践都因对象不同，效果也不同。每个人都有自己的体质特征，没有人会比自己更加了解自己的身心需求。所以，听自己身体的，听自己内心的声音，医学知识只是理论，而能够用出来、活出来的才是智慧。每天跟等待降生的宝宝对话，让宝宝安心，让他感受到：我是一个被欢迎的孩子！

月子期间不能洗澡、刷牙、洗头等民间习俗是针对旧时没暖气、没热水、没浴霸的条件而产生的，已经过时了。妇女生产本来就是人类繁衍生息中再自然不过的行为，不必太紧张、太娇气、太焦虑。其实，许多妇女在生产后，身体会变得比以前更好、更健康！去看看那些长寿老妇人，许多都是生了好几个孩子的。你只要能在月子期间坚持用温水沐浴，喝温水，均衡饮食，保证睡眠，不受阴冷的邪风入侵，洗头、洗澡、刷牙等都照常进行，你与宝宝的身心就会同步保持健康。

在自然的状态里完成身心流动、疗愈、康复，对孩子来说，才是轻松与自由的，自然健康、遵循自然规律的母亲才会给孩子更强大的安全感。放松，你会成为一个好妈妈的！安康、自在、快乐，就是给自己和孩子最好的礼物！

Q3 如何帮助孩子跟父亲联结

前夫是个很爱批判别人的人,自从和他离婚以后,我时常鼓励女儿去见她的父亲,希望能让她多体会一些父爱。但女儿很不愿意去见自己的父亲,说在父亲那里浑身不舒服,非常拘谨。作为母亲,我该怎么帮助孩子与自己的父亲建立联结呢?

作为母亲,你可以经常夸奖孩子:"你这个特点和你父亲一模一样,你们俩好多地方都神似,真棒!我当初就是被他这个特点吸引,爱上他的……"让孩子瞬间感受到和父亲的联结。相似点越多,她越容易接受父亲。同时,允许孩子用她自己的眼睛去看向父亲——这个带给她生命的男人,放下所有从其他人那里听来的父亲的印象,只有这样,孩子才可能发现更多的父亲身上可以被接受、被尊重的优点。

作为母亲,你需要告诉女儿,妈妈允许你去爱你的父亲,请你用自己的眼睛去看向他。你是我们两个的孩子,这是事实,你也是我们相爱过的证据,欢迎你来到我们的生命里。

当然,如果前夫批判他人的坏习性不变,连孩子也难逃"恶口"的话,当孩子心力较弱时,孩子就会把对方的评判当真,且易用于自我攻击,这时可以减少其与父亲的互动与联结,只需要在心里把父亲留在作为父亲的位置就好。待孩子心理成熟，有足够的人生阅历时，由她自己选择是否要与父亲靠近。

作为家长，我们还需要让孩子理解每个人都有局限，父亲、母亲、孩子自己都不例外。让孩子把生命放到更大的背景里去看待，去发现现实表面背后的父母。如果孩子能够看见父母在怎样的环境里长大，也许就更容易理解父母了。而父母给了孩子生命，这已经是孩子收到的最宝贵的礼物了。接过它，有可能的话，传下去，就足够了。

对孩子说："你是自由的，你只需要安心做孩子。大人的关系由我们自己处理，与你无关，我们的命运由我们自己负责，我们分开也不是你的错。我们是你的父母，这点不会变，你可以自己选择是否靠近我们，这是你自己的决定，我们同意。无论如何，我们都允许并祝福你活成自己喜欢的样子。"

相信当你表达出这些时，孩子与父亲的心理距离便瞬间拉近了，他们之间的互动从此就交由他们自己完成。

生命之间的联结太复杂了！不只是我们头脑中的道德框框所规范的那样，我们可以试着从生命本身的角度来看见生命，而不是站在道德高地指手画脚。在生命的层面，亲子之间只有爱与忠诚。

Q4 为了孩子，我该原谅他的外遇吗

我们结婚好几年了，现在有两个孩子，小的只有 11 个月，可就在这个时候，我发现他外遇了，我非常地痛苦。他是家庭的经济支柱，我虽然也工作，可工资非常低。现在出现这种事情，让我对未来非常恐惧，不知道该如何进退。

在亲密关系里，如果孩子、父母、兄弟、姐妹、朋友和工作、兴趣爱好、金钱等都比伴侣优先，我们就会听不见伴侣内心的真实需求，伴侣也可能会被我们成功地"送"到别人的怀中。尤其在中国，我们通常处于亲子关系高于亲密关系的畸形序位里。生育完后，妻子们的注意力与焦点很可能完全地投注到孩子身上，伴侣形同虚设。在郁郁寡欢中，其中一部分人极有可能出外寻找愿意给他慰藉、送他温暖的人。先反思一下你和伴侣在亲密关系里的序位吧。

我在工作中，经常会遇到类似这样的丈夫出轨的案主。其中绝大多数的个案呈现的都是丈夫在家庭里的存在感越来越弱，最后甚至只像是一个 ATM 取款机，他的其他价值都不被看见，不被尊重，也不能发挥作用。在这样的状况下，他们想被妻子看见的砝码便是出轨婚外对象，以为只有这样，靠着引起妒意，靠着

引发主权争夺，才能够引起妻子的注意，才可能让妻子从只聚焦孩子的状态里醒过来，从而分散一些注意力看向自己的丈夫，给他一个家庭里的位置。多么曲折的道路啊，但这却是类似的中国问题家庭系统里普遍存在的状况。

孩子最大，能给孩子的宝贵的生命礼物是恩爱的父母；孩子可能受到的最大伤害，是父母彼此仇视地离婚。

的确，作为女人，放下自己的嗔恨、嫉妒是不易的。与丈夫和解，需要的是众生一体的慈悲心、心量广大的包容心，而非以自我为中心的"自尊心"。站在双方的立场上，重新为你们的婚姻打分：如果激情、友情、爱情、亲情各是 100 分的话，你和他会为这段婚姻打多少分？建议你们重新审视一下你们的婚姻，然后决定：重新开始，还是就此放弃？

如果，仅仅因为丈夫是经济支柱，或者因为自己对未来的恐惧而选择继续留在婚姻中，实际内心却不肯与丈夫和解，不愿尽释前嫌，那么，也许你会得到一段貌合神离、形式上的婚姻，而不是一颗与你同频共振、相亲相爱的心。这种流于表面的婚姻生活，孩子们是会感受到的，他们身陷其中，会纠结、焦虑，他们会努力地做一件事：成为你们关系中的"小法官"，不断地进行调解。作为"小法官"，他们注定会失败，除非你们能真诚以待、真心相对。长大后，他们在自己的亲密关系里往往也会重复你们的模式，因为你们是他们人生的第一对老师。

为了孩子们在成长时不纠缠于你们的关系，长大后不重蹈你们的覆辙，无论你和丈夫做出什么样的选择，都需要对孩子说："不管我们之间发生过什么事，我们都是大的，我们是爱你们的。我们自己的命运由自己承担，你们只需要安心做孩子就好，你们是小的。"

让孩子在你们的允许和祝福中，卸下重负，轻松前行，活出自己。这就是你们身为父母，可以做到的了。至于你们之间的关系，得靠你们自己努力去解决。和或者分，都需付出相应的代价。听见自心，看见真相，共同为婚姻找到一条道路。千万不要打着"为了孩子"的旗号。这样的话，孩子一辈子都无法从内疚与自责中抬头，他挑不起"父母不幸责任人"的重担，他也不敢去拥有唾手可得的幸福。你的人生你做主，请把孩子的人生交给他自己吧，他不该替大人们的关系背锅。

当我们在关系中遇到冲突时，我们会从受害者的角度指责他人：都是你的错！这是内心仍是孩子的表现，不愿也不敢为自己的选择负责。当然，成长就意味着站到成人的位置：是的！这是我当初的选择，我承担这个后果，我为自己人生负全责。

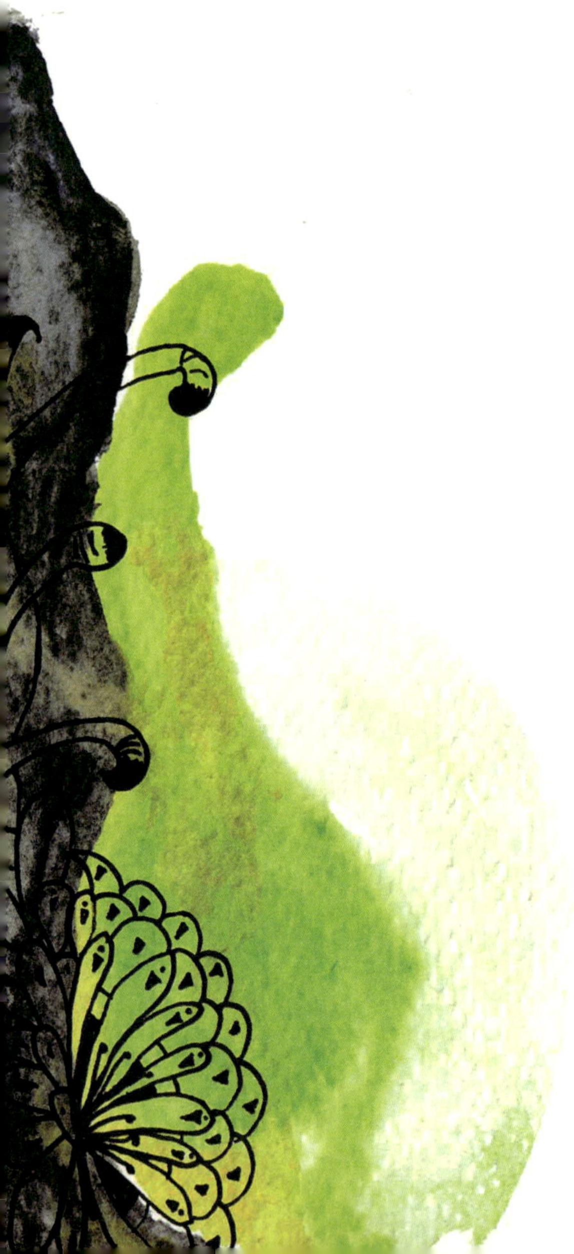

Q5 成了丈夫与婆婆母子之间的"第三者",怎么办

我总是有种被老公撇在家庭之外的感觉。他对他妈妈和声细语、有说有笑;对我却不耐烦,不喜欢和我黏在一起,总是叫我做事。我叫他帮忙呢,他就发脾气,帮他妈妈做事却心甘情愿。我在这样的关系里如何取舍?

亲爱的,他们母子之间有"第三者"的话,那肯定是你——儿媳妇;而在你出现之前,他们之间的"第三者"可能是你的公公。

中国的家庭系统构成跟国外不太一样。中国的家庭里,常常会出现亲子关系重于夫妻关系的现象,正常的家庭序位是夫妻关系重于亲子关系。失序的家庭里,通常伴侣都被冷落到一边去了,我们经常可以看到被冷落、被轻视的家庭成员要么轻易出轨,要么暴躁易怒,要么在家里完全失声。失衡的关系、家庭成员不能各归其位的痛苦,都会严重影响到一个家庭的和谐与美好。

作为带孩子来这个世界的母亲,让生命之河滚滚向前,让孩子在自己的关心、滋养、呵护下长大,成人,成家立业,结婚生子,让生命得以再延续,这是正常的生命周期与秩序。陪伴、爱护、关照、目送、分离,这是绝大多数母亲可以做到的。

在我的个案或工作坊里，却经常看见特殊的案例。有的母亲也许自己还没长大，家庭序位颠倒，反而成为儿子的宝贝，让儿子从年幼时便扛着心理重担，成为妈妈的"老爸"，活成了站在父亲对面的小"敌人"，处处维护母亲、指责父亲；有的母亲因为自己内在极其缺乏安全感，充满恐惧，她们容易成为吞噬、掌控儿子的"黑洞"。一名女性跟前夫离婚后，全面掌控儿子，每天向儿子血泪控诉前夫，用自己的"受害"来博得儿子的同情与支持，儿子成了母亲意志的"笼中鸟"。后来，甚至演变到儿子的女朋友都是由母亲来指定与筛选。这个母亲还每天给儿子的女友写信，试图让儿子的女友也成为自己的"傀儡"，想要掌控两个孩子。年近 30 的儿子虽牛高马大，却内心无力，每天只想一件事：自杀。内在极其虚弱无力、自卑抗拒，这些情绪无法在母亲处爆发，只好转嫁到女友身上，于是暴力冲突频频发生。儿子的女友作为案主前来寻求援助时，我看见：当母亲不学着为自己的生命负责时，儿子无法活出自己；而当母亲不知不觉、没有自我反省能力时，错误的轮回便无法停息。在这样强力的掌控中，儿子成为母亲的情绪配偶，他会无力、焦虑、崩溃甚至自毁。他无法活出自我，更无法建立亲密关系。比这两种情况稍好一点的，就是与母亲相互依赖，亲如情侣。不少类似的案主诉说，母亲经常用各种借口撒娇、装病，非要儿子回家陪伴，极端例子是非要跟儿子同床共枕。心理脐带还没剪断，儿子如何成为顶天立地、爱妻护家的男子汉？难！更可怕的是某些女儿也因此异化成男性，虎背熊腰，冲动好斗，俨然母亲的贴身保镖。

这样错位、扭曲的关系并非少数。核心家庭的优先序位没有得到尊重，反而被原生家庭里的亲子关系占了上风，这是序位颠倒。如果身陷于这样的关系里，建议你可以开诚布公地跟老公谈心，让他明白：当一个新的核心家庭成立时，夫妻关系是优于原生家庭的亲子关系的。同时，你可以表示出对他跟婆婆之间的母子情的理解与尊重，也可以当面向婆婆表达感恩之心，因为她养育了你的丈夫，接纳了你。也可以如实地向丈夫表达你被排除在他家之外的感觉，告诉他你内心真实的感受与想法，并且表达你想被他们的家族接纳、融入其中的期望。相信你的老公会正视你的感受，理解你的处境，同时做出调整——如果他是一个成熟男人，也愿意做一个称职老公的话。无论你与婆婆有任何冲突，作为丈夫，他只有一个位置可以站，那就是在你身边。这个位置虽然他还不太熟悉，但是，这是可以学习、适应的。

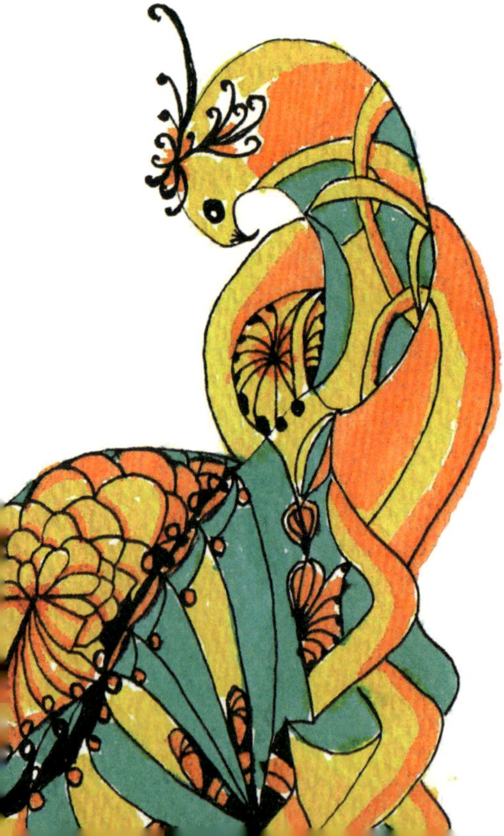

Q6 怕孩子会输在起跑线上，怎么办

孩子不到一岁就被我们送到早教班去了，我们希望自己的孩子不要输在起跑线上。有时候我们也觉得这样对孩子太残忍了。请问这样做，对吗？

起跑线在哪儿呢？这条看不见的起跑线怎样控制、影响着孩子的学习生涯？这条争得你死我活的起跑线怎样扭曲着孩子的心理？这条只在乎分数高低的起跑线怎样折射出家长的焦虑与恐惧？

这条线不在别处，就在你的心里。只要有恐惧、不安、焦虑，这条线就清晰地呈现在你的内心，挥之不去。这条线，会把孩子折腾成只许赢不许输的分数悍将，也会让孩子处于一个相互竞争、不肯示弱的扭曲氛围里。孩子也可能因此走向极端，这条线也是一些孩子犯下投毒、凶杀等罪行的诱因。

我们不是比谁分数高就获取了胜利，分数不是我们人生的全部意义和追求目标。父母与老师长期灌输的"分数至上"的价值观，让孩子们自身也很难放过自己：他们不允许自己不如邻居家的"王小毛"，不允许自己只考 99 分，反复为那 1 分的过错自责、内疚，不允许自己在班上的排名下滑……这些曾

是部分青少年自杀事件的诱因之一。

很少有家长去教育孩子：我们的成功是帮助他人，成就他人；我们活着是为了相互帮助、相互给予。如果我们只是为了顺从自私自利的个人需要，那我们的人生就成了互相竞争、追名逐利的战场。

亲爱的家长们，收回你对生存的恐惧、不安与焦虑吧，那属于你，不属于孩子。让孩子拥有一个天真烂漫，有故事、有经历、有趣味的人生吧，让他们成为本来的样子，而不是你们期待的样子。

若孩子活在你们过度的期待中，你们和孩子都会活在"地狱"中。推开窗，让阳光、新鲜空气、绿地、鸟语花香……进入你们的空间与视野，那才是孩子们的天堂。

恐惧可在，恐惧心不可得。与友聊天，他说遇飞机强气流时，自己还是本能地害怕了。我问，你不是修过破瓦法吗？还怕？他说，这次一颠簸，才发现还是没过这一关呀。在此二十天前，我刚与他分享过一段经历。我坐亚洲航空的飞机从马来西亚回国时遇强气流，我依靠觉知与正念，让自己完全与起伏的气流在一起，身体放松，没有任何对抗或控制，缓慢地深呼吸，真正地随波逐流。我此时看着伴随外境波动起伏的心，却没有了惯常紧绷的神经质反应，恐惧的情绪也了无踪影，外在即使狂风大作，内心仍然波澜不兴。平生第一次如此平静地度过强气流，真好，修行不就是关关难过关关过嘛。

要知道，因母亲在我极幼时有近一年时间不在身边，于是，亲子中断后的我便变成了一个十分胆小、易紧张，常神经质地大呼小叫的孩子。我不敢与人说话，不敢看母亲的男同事的眼睛，不敢看恐怖电影，不敢独自上街买东西，上学时，晚自习后不敢独自回家，曾因看了电影《画皮》而通宵无眠，不敢翻身，僵直一夜……从加德满都回成都那条航线上，经常上演飞机遭遇强气流的惊魂恐怖剧。记得有次我和女儿蒝伽在飞机上都惊恐万分，吓得魂飞魄散，而坐在中间的 MINI 小姐却是岿然不动，呼呼大睡，让我俩羡慕得很。我也是常常不被允许坐在副驾上的人，因为我的过度反应会吓坏司机。

但那些把自己吓得灵魂出窍的经历，哪一次不是自己的妄念创作出来的恐怖故事呢？失去觉知时，人就会被强大的妄念编剧玩得团团转，仓皇不安、簌簌发抖，但当那惯于放大、加工、渲染的恐惧心被看见时，它就只得偃旗息鼓、瞬间安静了。

恐惧，并不是一种过街老鼠似的负面情绪。恐惧，在动物身上，它是一种本能反应，有时会起到正向的预警与自卫作用，它

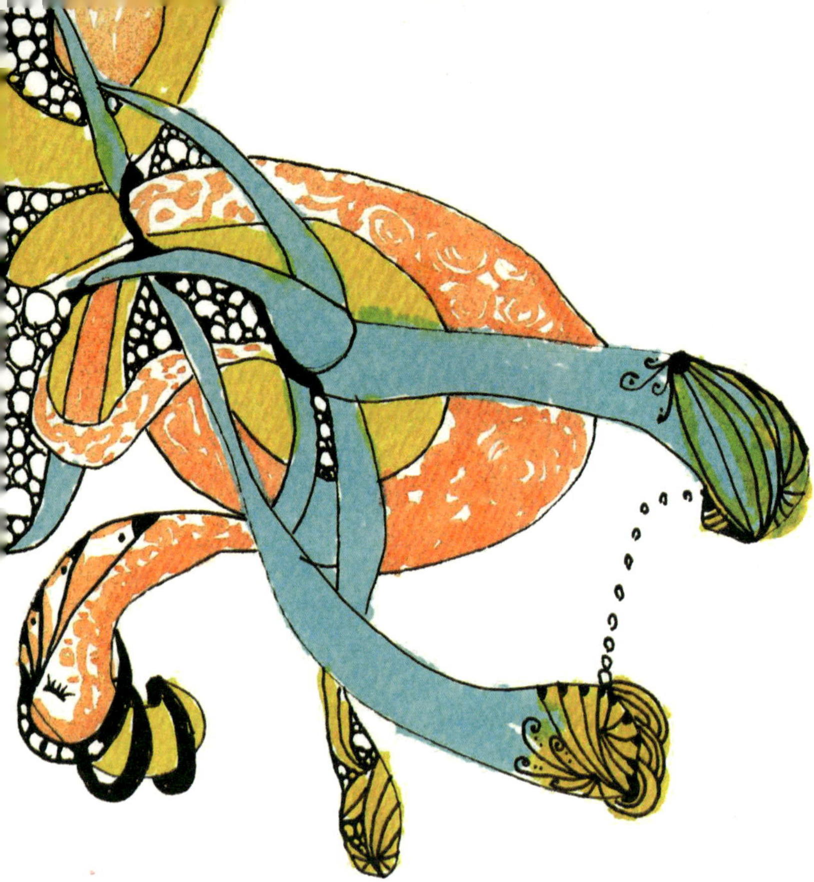

在每个个体生命里是必不可少的最基本配置。如果没有了恐惧，你便可能轻易遭遇车祸等类似的飞来横祸；如果没有了恐惧，你的行为也没有了底线，危险四伏。

但，恐惧心，却是不必要的，那只是自己的内心加工出来的恐吓自己的妄念，它基本上看不见当下的事实，只是对过去的记忆与对未来的未知进行揣测、忖度、比较、加工、渲染。加上媒体对资讯铺天盖地的添油加醋，恐惧心就会变得越来越强，也就让你离真相越来越远。而让你归于平静的方法只有一个：在开放的觉知中，安静地看着恐惧心，不迎不拒，如其所是，蛇结自解。

愿亲爱的父母可以把孩子们的命运交还给他们，让他们轻松做回自己。愿孩子们可以用健康、快乐、善良、爱心满溢的人生来报答父母的养育之恩，来爱他们，使他们感到荣耀。孩子只是孩子，不用扮演小大人。

Q7 不愿回残缺的家，怎么办

父母在我 1 岁时离婚，我跟着母亲生活，在那以后基本没见过父亲。越长大，我越难以接受自己残缺的家庭，也害怕被别人知道自己是单亲家庭里长大的，甚至对母亲的付出也没有多少感激之情。我一个人独自在离家较远的城市工作，尽管有些不顺利却依然不愿回家。我如何才能突破自己的心理障碍？

亲爱的，不管父母之间曾经发生过什么，那都跟你没有关系。父母离婚，不是因为你的降生，他们分开不是你的错，你只是孩子。即使家里没有父亲，只要有爱在这个家里流动，这个家也不会变得残缺。同时，从父亲那里未曾得到的，也可以从其他的男性亲人或者男同学、男同事、男性朋友处获得补偿与平衡。所以，请你用成人的视角重新看向自己的父母，他们给了你生命，这就是他们做得最正确、最好的一件事，其余的，你完全可以靠自己来创造。

在心里，为父母留一个属于父母的位置，然后，带着尊重与恭敬，把属于父母的命运交还给他们——尊重他们的命运，理解他们的局限，接受他们本来的样子。如果希望跟父亲重新联结，请对妈妈讲："亲爱的妈妈，请允许我像爱你一样爱爸爸。"如果可能，请寻找专业人士，做跟父母重新联结、交还命运的仪式，让自己的心里获得父母双全的认知，让阴阳能量平衡和谐。因为他们，你才能来到这个人世间，你回报他们的方式就是把他们的爱传下去，传出去。同时，请看见：你能活得跟他们不一样，你可以有幸福、和谐的婚姻。

单亲家庭的标签并不可怕，这是大人们对婚姻选择的结果，与孩子无关。尤其是在离婚率居高不下的今天，许多与你同样在单亲环境里长大的孩子，他们同样可以很优秀，你也不例外。孩子不必为父母的婚姻买单，你活你的，父母活父母的，各自都有自己的命运需要承担，互不替代。

孩子是家庭的镜子，他们身上折射出父母的问题。父母某一方的价值占主导时，孩子表面上追随服从于双亲中强大的一方，私下却在效仿和忠诚于较弱的一方，并与较弱的一方变得越来越相像，有时，这种忠诚与效仿会产生破坏性的后果。

你的人生主动权在你自己手上，往前看，带着珍贵的生命，去遇见那个让你心安的人，你便有了家。残缺对你而言只是个过去的概念，它已经过去。现在到未来，这条人生路正向你展开，它新鲜而可爱。当你走向它时，你便再无残缺。

祝福你！

Q8 儿子经常做噩梦，怎么办

儿子经常做噩梦，有时同一个噩梦反复做，经常被吓醒。后来他听了别人的建议慢慢开始吃素食，他的噩梦随之减少了。但我个人觉得 20 出头的年轻人素食并不太好。从心灵成长的角度还有什么办法可以帮助他改变这种情况吗？

梦是发泄的手段，也有心理、生理的预警功能，梦是潜意识改头换面的演出，目的是让你真正"看见"它。它只会反映出原有的情绪，并不会创造情绪，所以，做梦者是可以透过梦，看见自己最近的情绪是焦虑、恐惧，还是担心、抑郁的。

梦与昨天，谁更真实呢？它在向做梦者表达什么？当它的表达被理解时，它也就完成了使命。如果纠结于梦的内容，可以去寻求有释梦经验的专业人士的帮助，也可以进入家排疗愈场进行整合疗愈。

噩梦有时与家族里的一些未完成事件相关，可以通过做家排个案，找到那些未完成事件里的相关家族成员，带着尊重与接纳，与他们共同完成和解、交还命运的仪式。

素食并无问题，只要保证各种营养均衡。现在素食的食物选择是相当多的，坚持应该不难。若素食的初心是为了减少伤害，那就更好，但它对于断除噩梦来说，并非唯一良方。素食，减少杀生，功不可没，也累积福报，是好事。素食跟年龄无关，好多素食的人，是"娘胎素"（在娘胎里，其母亲就只吃素食）。还有许多终生素食的名人：出生于朝鲜半岛的奥运会马拉松冠军孙基桢，没有因素食而"体力不支"；新加坡的许哲居士，从童年时即开始吃素，活了113岁。

请放下你的担心，素食的营养成分是足够的。现在越来越多的人选择素食，因为他们不想因为自己的贪欲伤害别的生命，加上现在素食的供给环境已经相当成熟，所以，他们更有底气选择素食。这是儿子自己的选择，请尊重他吧。

父母真的爱孩子，是让孩子成为他自己，而不是因为自己恐惧，就打着爱的旗号，让孩子成为我们期望的样子。爱，便是如其所是，如其所愿。

Q9 总想逃避孩子，怎么办

孩子马上要中考了，可他老是无法专注于学习。作为孩子的妈妈，这时我却总想避开孩子。他越需要我，我越以工作忙为借口，想躲开他。我该怎么办？

孩子无法专注学习，排除智力方面的缺陷或严重的身心病症外，基本上，我们在系统排列工作坊场域里观察到的情况是：孩子被家事缠住了。比如，家族里有一个被遗忘的流产的孩子；比如，有一个被整个家族排斥的成员；比如，父母关系恶化导致某一方缺位……这些都会把孩子推向一个不属于他的位置，让他承担或纠缠于家族里其他人的命运，让他无法专注于学习。

很少有孩子是真正主动热爱学习的，他们"热爱"学习全是因为父母看到好成绩才会给好脸色，老师与同学们也才会对自己有好态度。出于爱与联结的需求，孩子们才愿意"热爱"学习。

家长往往只能看到孩子学习成绩不好，而现象背后正在孩子身上发生的内在身心纠缠，家长无从知晓。有个令我印象深刻的个案：一位留守儿童案主极其讨厌数学，考试总不及格，也从不完成数学作业，老师与家长都很恼火，又不知如何才能帮助孩子改正。

第三章 选择——建立良好的亲子关系

记得在当时的个案场域里，我让孩子和数学的代表都站出来。孩子看向数学的代表，内心恐惧，无法直视对方，只能勉强移动，且是以 Z 字形的线路，迟疑、颤抖、曲折地靠近了些，然后僵在那里，再无法往前。当长期在外打工、与孩子聚少离多的母亲代表被加入后，他开始蹒跚、艰难地向母亲移动，最终扑在母亲的怀里，放声痛哭，浑身颤抖。这是积压多时的情绪。

当孩子们大脑最具可塑性时，他们在情感上和心理上与父母是融为一体的。此时家长回应与否，决定了孩子长大后是否健康。无人回应之境便是绝境，未曾被满足过的渴望就是创伤的来源。后来，同样长期在外打工的父亲代表也被加入排列中。他一言不发，不会表达对孩子的爱与关心，只是眼神温柔地看着孩子。当父母的代表同时站在孩子身后时，孩子可以带着内心的力量，看向数学的代表，径直向他移动了。数学的代表第一次被孩子充满热情的眼光看见，非常开心。

另一个个案案主是一位七岁的女孩。她经常使用恶毒的语言，表现出狂乱的情绪状况，无法专心学习。父母百思不得其解，找不到解决方案。在家排个案里，这个充满了盲目的爱的七岁女孩在守护着一个巨大的家庭秘密，她甚至扑倒在地，躺在了这个秘密旁边。我做了介入，带着尊重把他们家族的秘密移动到了生命源头处。家族秘密的代表在那里得到了平静，不再出来碰撞家族里的后代了；女孩子也站了起来，感觉到了前所未有的轻松与宁静。从系统纠缠里出来，孩子才可能专注于自己的学习、生活。解开无明纠缠，让孩子归位，便是最好的出路与方案。

每个孩子都有资格只做孩子，他们不需要承担他人的命运。因为他人的命运，对孩子稚嫩的双肩来说，太重了。父母爱孩子，通常是以"自己的期望"在爱孩子，会强塞给孩子"爱"（掌控），所以孩子会排斥，会有逆反的行为出现。

但为什么你总是想逃避孩子，无法享受当妈妈的快乐呢？

可以探索的是：你的妈妈逃避过你吗？你有过流产或夭折的孩子吗？如果因缘成熟，可以尝试去探索逃避的内在动力是什么，逃避孩子的真相是什么？找到以上问题的答案，你就会明白如何回到孩子身边，像一个正常的母亲一样爱孩子、抚养孩子了。

逃避孩子的动力有许多：家族里曾经发生过的创伤性事件，父母有未活下来的兄弟姐妹，自己有流产或夭折的孩子，隐藏的家族秘密，伤痕累累的童年，家族里有世代传承的信念系统……

只有在个案里看见逃避背后的动力并在内心完成和解，才能重新联结孩子，真正成为他们的母亲。

十年前一位女案主的个案让我记忆犹新。她逃避自己的孩子，不愿与他们亲近，经常以工作为借口，在外地一住就半个月、一个月。回家后，6岁和4岁的两个儿子跟在她身后上街，她总有一种隐微的冲动：希望汽车把他们撞死。之后，又会为自己产生这种邪恶的念头而自责、内疚、羞愧。个案里，她与自己伤痕累累的童年和解，与自己不配做母亲的内在信念和解，她第一次真正地看见了孩子们。

另一个个案里，一位女性案主认为自己与丈夫离婚给孩子带来了巨大的创伤，心中感到自责、内疚、自卑。只要听到别的孩子叫"爸爸"，她就感觉精神受到了刺激。她只能逃得远远的，把孩子扔给自己的母亲，不闻不问。然而，一旦她母亲提到孩子有任何缺点，她就会贬低、打压自己，认为是自己给孩子带来了不好的境遇。她看不见孩子，只是一味沉浸于内耗与折磨中，对孩子父亲也怀有深深的恨意。

个案里，她第一次看见那个与女儿"同龄"的自己。那时，她父母刚刚离婚，把她扔在了外婆家，她也听不得别人喊"爸爸"，孤单、胆小、虚弱。拥抱了自己的内在孩童并接纳自己后，她内在的力量增强了。她与父母告别，走自己的路时，才第一次看清伴侣本来的样子：他并不是自己苦寻不得的父亲的替身。她对前夫的恨意瞬间减少了。她终于可以承认："是的，这是我当初的决定，我为这个决定负责。"她可以表达："谢谢你曾经为我做的一切，我会在心里留下你的位置。"这时转机便出现了，她充满力量地站到孩子面前："孩子，这是妈妈的命运，我自己承担。请你安心做自己，你是你，我是我。我是大的，你是小的，你可以活得与我不一样。"

当父母成为父母，孩子便可以成为孩子。

Q10 孩子因为热爱艺术而偏废主科，怎么办

孩子很热爱艺术，主科成绩都不好，对未来就业压力的担忧让作为家长的我们无法支持他的爱好，怎么办？

何不给一匹马以草原？何不给一条鱼以海洋？何不给一只鸟以天空？

父母和老师们常犯的错误就是把孩子们逼成了呆板无趣的考试机器。别让孩子继续错过生命这堂课了，即使你们给他安排了"钱途无量"的学业，或者可以谋取高薪的工作，但没有热爱参与，没有兴趣与天赋支撑，他们的工作动力会不足，自我价值也会无法实现，他们的人生也可能变得狭窄、平庸，甚至了无生趣。这样的孩子，你们真的想要吗？是你们在活他的人生，还是他自己在亲身体验人生？

把你们对生存的恐惧收回，那不属于孩子。往往"无用的"才能丰盈人生，正如看不见的却总是影响我们甚深一样。热爱艺术的孩子是幸运的，因为他们有了自己释放情绪的出口、表达内心的方法，这有利于身心的健康流动。身为父母，难道不希望自己的孩子能够开心快乐地活在他自己选择的生活里吗？

诚然，家长群体的焦虑与恐惧、学校升学压力的转移、攀比

游戏里的输赢……这些都会让你们内在的创伤与匮乏重新被勾动、被牵引，会推动你们随着大流去迎合主流价值观，满足自己对安全感的需求。可是，你们真正看见孩子了吗？他不是别人，他的天赋才华是独一无二的，他是否可以在你们允许下，走一条与他的内心相契合的人生道路呢？

如果施以强压，孩子可能会暂时屈服。但是未来呢？他可能会强力反弹，用自己的后半生来满足与实现当初被压抑、被限制的人生愿望。正如你们看过的那些艺术家在采访中所说的那样，许多艺术家早年曾屈从于父母的安排，在自己有了力量后，便开始了迟来的青春期，开始了迟到的叛逆。当然，也有许多被压抑的孩子成了网络暴民或者游戏大咖，因为只有在虚拟世界里，他似乎才能夺回一点生命的主控权。压抑必爆发，限制必冲突，作用力与反作用力从来都是相等的。相比堰塞湖、冰冻湖或被强行改道的小溪，主动让孩子有条经常被疏通，能流动且多彩的生命河流，不好吗？

两代人一定是有代沟的，当长辈强加自己的思想观念给孩子时，就会弱化孩子自身的能力。

愿身为父母的你们早日收回自己的期待与投射，允许孩子自由决定自己的人生，允许他带着全然的热爱，度过自己的一生。

第三章 选择——建立良好的亲子关系

Q11 如何处理与被领养孩子的关系

我自己有两个孩子，又领养了一个孩子。我该如何对待不同的孩子，才能对整个家庭都好呢？

告诉被领养的孩子，我不是你的亲生母亲，我是你的养母，我代替你的亲生父母照顾、抚养你。清晰此界限，对你的家庭来说，是最重要的。你的亲生孩子同样拥有知情权，他们依据自己出生的序位在这个家庭里有相应的位置。

如果隐瞒领养的事实，这个一直在蓄积能量的"火药桶"终有一天会爆发。没有任何人有资格占有别人的孩子，你只能带着对孩子亲生父母的尊重，带着对孩子命运的尊重，承认领养的事实，否则，夫妻关系、亲子关系都有可能会被破坏。

我曾看到过一个案例，一对夫妻领养了三个孩子，其中一个男孩是出生时就被他们领养的。养父母认为是自己让他失去了在亲生父母身边长大的机会，总感觉对他有所亏欠，因而总是尽量满足他提的各种要求。然而无论付出了多少，男孩一直都不满足。他甚至希望独自继承遗产，剥夺养父母的两个女儿的继承权。两个女儿在长期被忽视、被打压中产生了郁闷的情绪，出现了严重的健康危机。其中一个女儿来做个案时，我把被领养男孩的亲生母亲的代表加了进来。她说孩子当初是在她不知情的状况下被偷偷送走的，因为孩子的父亲并不打算与她结婚。孩子被送走的同时，孩子的父亲也消失了。她虽然无法找回儿子，但希望自己的儿子能好好活着。尽管从未见面，可在做个案时，被领养的孩子却选择与生母站在一起。这种强大的系统动力并非靠逻辑、心智可以描述与解释的。和解的方案永远是养父母要对孩子的亲生父母表达感谢，而亲生父母也需要向养父母表达感谢。同时，领养的事实必须向家庭成员公开。只有这样，领养才会成为充满慈爱与感恩的爱心之举；只有这样，被领养的孩子才可以自由穿行于亲生父母、养父母的系统里，得到双份的爱，以感恩之心分享爱。

领养孩子是一件高风险的事，假如带着对孩子原生家庭的顾虑，选择隐瞒孩子的身世，这会是一个潜在的"火药桶"。毕竟，没有人有资格占有别人的孩子。如果带着对孩子及其原生家庭的爱与尊重，明确自己养父母的身份，那领养才是一件能真正帮助到孩子的事。因为自己生了儿子，缺一个女儿，或者生了女儿，就去领养个儿子，这样为了内心私利或成就"儿女双全"名声的领养，只会对孩子造成伤害。每一个生命，都需要被尊重。如果出于对被遗弃孩子的爱，愿意陪伴、支持孩子而进行领养，那么，孩子就会幸福。

我在个案的场域里观察到的是：爱是一切的答案。如果养父母对被领养的孩子拥有真正发自内心的爱，愿意站在他的生命立场去养育他，而非满足自己的私欲，那被领养孩子内在的愤怒情绪就会消散，孩子也能学会感恩。

相信你可以找到那条对孩子、对家庭都好的道路，真实、有爱、尊重，便是良途。对遇见的一切，最好的表达永远是：谢谢。

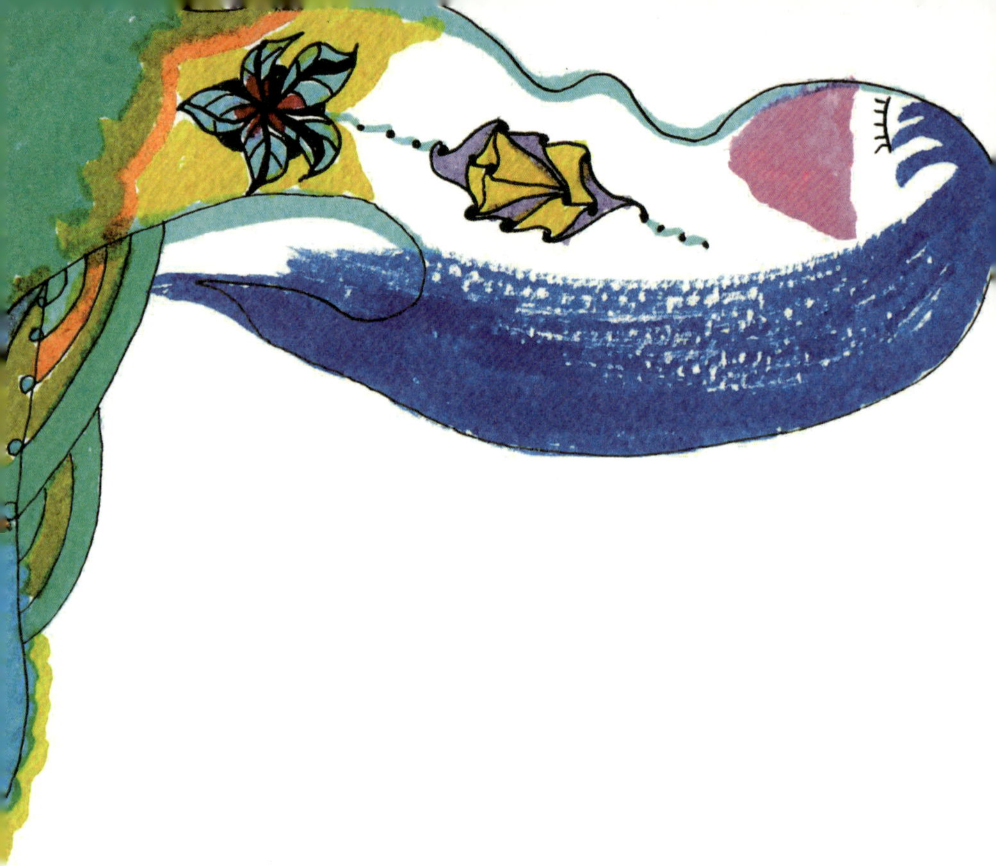

Q12 为什么我总是在担心

早上出门，担心门没锁好，家里会被小偷洗劫一空；过斑马线怕被车撞；适婚年龄时，怕找不着好老公；生孩子时，怕孩子不健康、不聪明；孩子长大后，怕孩子学习不好，找不着好工作，找不着好的爱人……生活中，我的担心和恐惧太多太多了。我不想抱着这么多的担心过日子，可是又不知道该怎么做……

为什么我们总是在担心？可能是因为这些忧思可以让我们感觉自己还活着。我们需要这些安排、掌控、计划、忧虑、恐惧，因为无所事事的感觉，也许不如这样身忙心乱让我们有存在感。这些忧思频繁发生时，你会观察到自己的身体通常也处于气血不足、精气神损耗严重、心肾不交的亚健康状态。

我曾有一位想前来做个案的案主担心自己独自出行不安全。

"要是路上有人伤害我，怎么办？"

"我无法保证你不受伤害。"

"那我被村民拐卖了怎么办？"

"据我所知，我们村里的村民不缺媳妇。"

案主最终没来到我的工作坊，她被自己创作的"恐怖电影"

打败了。最黑暗的地牢莫过于心牢,最难打败的敌人是自己。

这些问答假若发生在另一个社会环境里,也许大家会哄堂大笑,并认为这样的担心莫名其妙。但是,我们就是这样长大的,带着担心、恐惧、焦虑。这些情绪的根源,也有父母长期"催眠"的影响。比如,我的一个学员,每天出门前,父母总是告诫她:外面坏人多,把钱包捂紧点,走路时看有人跟踪没;坐地铁时,不要跟别人说话,万一他是骗子呢……背着这一堆沉重、恐怖的心锚,我不相信她会愉快地度过每一天。后来,她来工作坊,尝试把父母的命运交还,也真正地搬出了父母家,终于在43岁时结了婚,开始了自己的新生活。

再看看另外一个类似的案主描述的问题吧:

我从小跟着爷爷奶奶长大,和父母接触很少,总觉得他们不爱我,不想要我,这种被抛弃的恐惧感一直伴随着我。有了自己的孩子后,我总是为孩子担心,生怕他会重复我小时候走过的路,不想他受到一点伤害。但我也害怕内心的这种恐惧感会在无形中影响到孩子。我现在很累,很担心,很害怕。该怎么做才能解脱?

从以上问题中找到答案了吗?案主童年时期的分离焦虑一直

带到了成年。三岁以前的孩子会认为自己与母亲是一体的，当他们被迫与母亲分开时，这种被割裂的痛与伤会持续发作。遇到外在的障碍与违缘时，那种被抛弃的无力感、拼命想抓住救命稻草的紧迫感都会被引发。有些人会歇斯底里，有些人会隐忍压抑，有些人会封闭感受……如果没有得到妥善疗愈、清理，这个伤痛会在各种关系中不断被掀开。外在的保护壳看似越来越厚，但痛苦的内核却仍然如故，甚至会继续传给下一代。当我们无法与原生家庭的根联结时，内在坚强、笃定的品质便不会形成，内心力量便无法补足、更新、传输。

某次，邻近寺院的居士与我聊天。她的生命旅程是个最典型的实证：两个月大时被亲生父母扔到铁轨上，养父母收养她后没让她上学。成年后她一直非常要强，遭遇了丈夫的家暴，经历了失败的婚姻。无限的担心、焦虑、嗔恨、愤怒、恐惧主导了她的人生，现在 62 岁的她，长期失眠，还有一个患有重度抑郁症的女儿和一个嗜赌如命的儿子。儿子已经把她的安身之所卖了还债，还离了婚，现在因为未还清的债务在浪迹天涯……

她慨叹自己的生活是人间地狱。这样苦痛的生命的确世间少有。我安慰她：遇到佛法，有救了。她仍极端悲观：来不及了，今生不成佛就得下地狱……我想，等她因缘具足时，自然能解。

担心与恐惧，解不开心结。

不同的文化背景，也会造成不同的心态。我再讲一个发生在尼泊尔的故事。十二年前的一个冬日，我和徐老师、黄师姐从蓝毗尼回加德满都。长途车上，一位年轻母亲带着一个两岁左右的女儿和一个七个月左右的女婴坐在我们旁边。一上车，两岁左右的女孩非常自然地坐到了徐老师的腿上，吃着我们带的东西，看着我们笑，毫无羞涩之感，她母亲在她身边也没有制止，只是自然地带着笑意看着女儿与我们的互动。试想，如果你身为母亲，你会让自己的女儿坐在一个陌生男人的大腿上吗？你会允许她吃陌生人递给她的食物吗？

再如不丹，因为教育、医疗全免费，国民的两大后顾之忧都没有了，加上当地传统家庭关系紧密，人与人之间关系和谐，所以那里的人并不太会担心和焦虑。但他们却从前去旅游的国外游客的身上感受到了焦虑、恐惧、功利……认识的几位不丹导游都对此不解，他们经常带着疑惑的眼神向我求解，那些单纯的眼神，只有在那样单纯的环境才能看见。通过这十几年频繁的不丹之行，我看到不丹首都廷布四处正在大兴土木，年轻人越来越多地成为"低头族"，不停滑动手掌上"黏着"的手机。我预感到：单纯的眼神将会被功利主义污染，那些单纯的心将被五光十色的世俗欲望迷醉。恐惧、焦虑、担心，也将成为追逐欲望时患得患失的副产品。

愿大家都能清理、疗愈自己的内在空间，透过头脑里不眠不休的"担心"看见人的生存本能与惯性反应模式，减少积习，明心见性，归于本来，最终喜悦、自在、充满力量地行走在生命之路上。

Q13 产生低落的情绪该如何处理

最近因为母亲生病,我的心情跌到谷底。想找个人说说心中的苦闷,却无处诉说。我希望一切都能够好起来,但我不知道现在应该如何调节自己的情绪。

陪伴病中的母亲,这是你能做的最好的事。不需要言语,只是静静地坐在她身边,注视她的眼睛,握着她的手,相信此刻的静默,已经胜过千言万语。

如果心情跌到谷底,去看看在这份心情里最多的情绪成分是什么。是对假如母亲离世,自己将无依无靠的担心?还是对照顾病人的种种麻烦所产生的畏惧?或是对未能照顾好母亲的愧疚?拥抱自己的情绪,与它和平地共处,听听它的声音。

心里的苦闷,可以找信任的好友、亲人诉说。如果觉得无人可诉,可以选择打心理热线、联系心理电台等方式倾诉。

如果这关靠一己之力,仍过不去,请选择专业的心理支持或是心灵疗愈课程。世上总有这样的疗愈师们专为支持与陪伴他人渡过生命的难关而存在。

当你可以用平静的心去面对病中的母亲,允许她在自己的生命节律里起伏,只作为她的孩子,全然陪伴、支持她经历自己的

第三章 选择——建立良好的亲子关系

生命时,对她来说,这才是轻松而自由的相处。她既不会因为自己生病给孩子带来麻烦而内疚与自责,也不会觉得自己是个累赘。于你而言,不仅可以增进与母亲之间的亲情联结,还可以一起回忆让她找回力量的往事,这些都是有益于她的康复的。相处时,那些美好而温暖的点滴,便是我们关系里最重要的维生素,能成就彼此,能滋养、润泽的芳香之爱。

每个人一出生,就走在这条通向死亡的道路上,无人例外。佛陀让因儿子死亡而悲伤的妇人去村里每户人家询问,请没有死过人的家庭给一颗豆子给她,结果她走遍整个村庄,空手而归。她开始理解死亡是件普遍发生的事,并不只是发生在自己的亲人身上,同时,她也开始理解自己的痛苦与悲伤全是缘于我执。

每个人都会依据自己的动机与行为,做出对命运的选择,这些依据包括显现的生命经验与隐藏的身心状态。冰山之下,肉眼看不见的心对人的命运影响至深。

每个人都有自己到达死亡的时间与方式。生、老、病、死之苦里,如果能遇见美好温暖、相互支持、相互滋养的人生片段,已是幸福与幸运。在人际关系里,如果能够激发出对方的良善与美好,那就是给对方最好的礼物,这比昂贵的物质更有价值与意义。念及此,相信你可以找到那条安心陪伴母亲的良途。

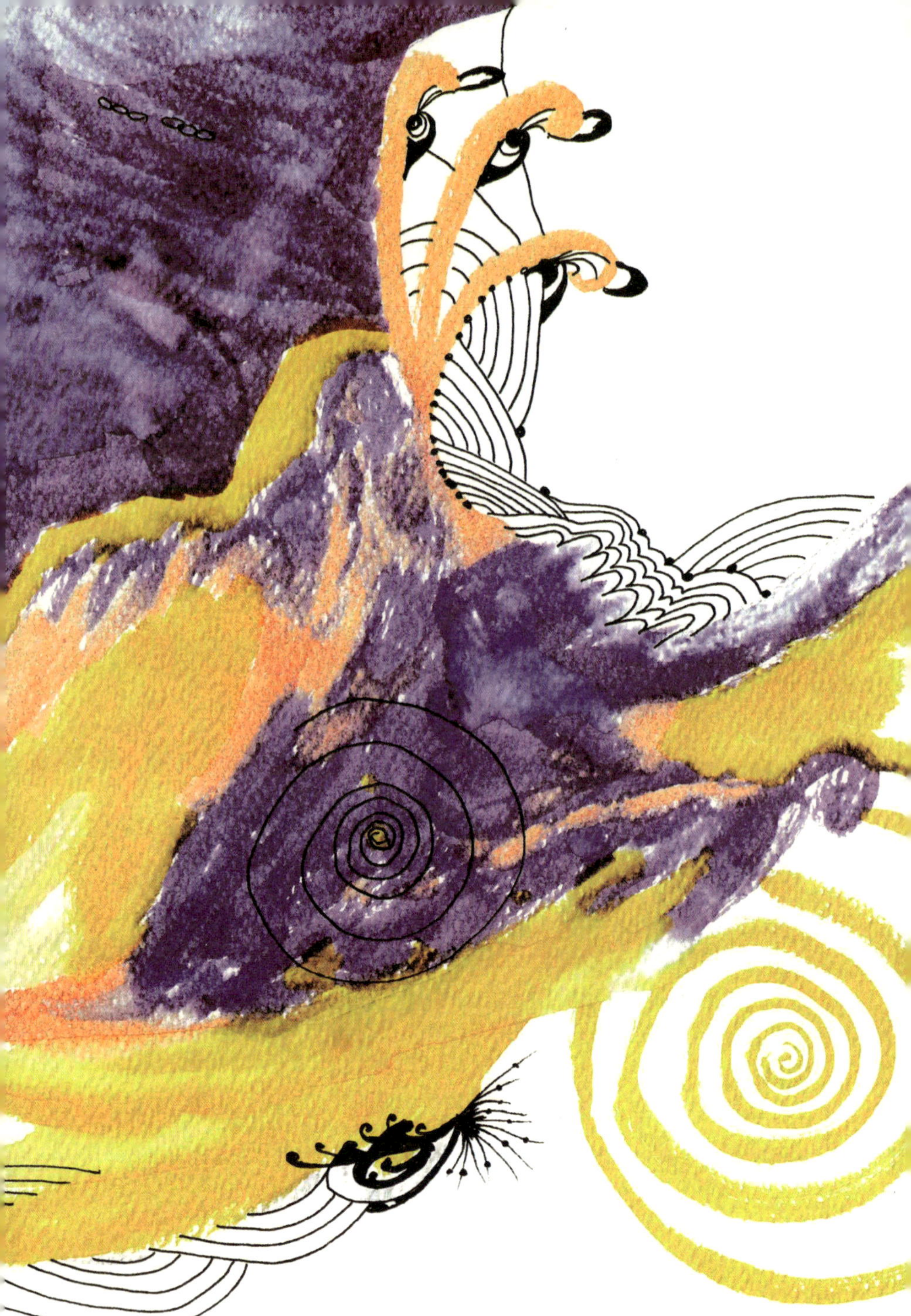

对母亲最好的爱就是善用她传承给我们的生命，分享爱，延续生命。同时，带着尊重，交还母亲的命运。然后，自由地，走向自己的人生，走向自己的伴侣和孩子。

祝福你的母亲！也祝福你！

Q14 担心不能怀孕，怎么办

最近两年因家庭的变故和自己身体健康的问题，我感觉生活一团糟，流产了两次。我很想要一个属于自己的孩子，但由于年龄偏大，总是担心自己无法受孕。虽然一直在调理身体，但我情绪始终很紧张，没信心，患得患失，甚至常常失眠。老师，我怎样做才能调整好自己呢？

亲爱的，请你先闭上眼睛，安静下来，问一下自己的心：我真的准备好成为母亲了吗？

在我接触的个案里，难以怀孕只有极少数是生殖系统出现问题，大部分是心理原因造成的。她们表面上都在期待小生命的到来，积极寻医问药，在求子路上不屈不挠，勇敢前行。但在心灵疗愈过程中呈现的深层思维却是："我根本没有办法成为一位母亲。""生孩子是非常危险的事，我不要！""我自己是被抛弃的孩子，我不能再害我的孩子。""爸爸妈妈就是我的孩子，我没办法要其他孩子。"……

看看，我们的潜意识多么强大。虽然意识表面在"要"，潜意识却不断重复着"不要"，而我们身心对潜意识言听计从。这就像我接触过的一位想要"健康"的女孩子的案例，潜意识里她根本不想健康,她要用生病来索取爱,来赢得只顾着吵架、打架的父母的关注,她也是用生病的方式来报复他们。在个案现场,她远远地背对着健康,用各种自虐方式来吸引父母的注意力。这个案例说明了,言行一致,的确是件不容易的事。

分享我做过的另外两个案例吧,一位三十出头的女性案主,肤白貌美,却满脸忧郁。她与丈夫结婚五年,一直没怀孕,到各地的医院去检查,结果都是身体没有任何问题。在她的个案里,她描述自己年少时牵着弟弟四处流浪,离了婚的父母长期处于激战、冲突中,完全顾不上这两个孤儿般的孩子,他们都不想抚养这两个孩子,互相推诿。她和弟弟经常寄居在亲戚家中,过着寄人篱下的生活。在个案里,她想起过去的一个场景,一个冬天的深夜,被冻坏的姐弟俩,流着鼻涕,脸色乌紫地去敲爷爷奶奶家的门,求他们收留。这个巨大的被抛弃的创伤一直伴随着她和弟弟,所以,她内在有个信念:我是个被父母抛弃的孩子,我没有资格做母亲,我也无法做好母亲。个案结束多年后,她发来信息报喜,如今,她的大孩子已经七岁,老二也已经三周岁了。

还有一位案主也是,婚后七年一直怀不上孕,夫妻关系也因各种争吵而降到冰点,到了离婚的边缘。她尝试了各种医疗手段,如"通水"、打排卵针等。来东天目山找我做家排个案时,她已经身心俱疲,满脸倦意。她说,老师,我撑不住,快放弃了。在场域里,她与未来孩子的代表相视无言,双方都饱含着爱与深情,却无法彼此靠近。直到他们与场域里那些被遗忘的家族祖先和解,带着尊重交还先辈的命运,为先辈在心里留下位置时,案主和孩子的代表才可以穿过场域,双向奔赴,紧紧拥抱:欢迎你来到我的生命里,亲爱的孩子。个案后三个月,喜讯传来,整个家庭都为之欢呼,她终于迎来了第一个宝宝。现在这位案主已怀上第三胎了,做了全职妈妈,每天充实且开心。她说,盼他们来的那七年,太辛苦了,现在他们来了,我要好好养育他们。丈夫也非常配合妻子的付出,一下班回家,就抢着帮妻子做家务。案主还说,老师,我现在幸福感与满足感爆棚,感谢我生命里的这些孩子。

有时,孩子无法顺利来到我们的生命里,除了生理上的原因外,也可能是受到家族系统里未和解事件的影响。当然,我们也要承认,如果身体没有调整好,无法处于一个健康的、等待受孕的状态,那小生命也无法到来,待孕妈妈身心都要做好成为母亲的准备。所以,除了家排个案外,身体也应做好充足的准备,你可以用中医等温和的方式来让整个身体系统得到全面清理与调整。疗愈的重点是让自己放松,如果长期紧绷、焦虑、恐惧,不管你用什么方式，调理都难以奏效。

在提问中说到的两次小生命的逝去，需要你带着尊重去纪念他们的生命，在你的内心深处可以为他们留下属于他们的位置。毕竟，他们也是你的孩子，他们需要被看见。带着对生命的尊重，与他们和解吧！多去做公益，帮助其他病苦中的孩子，你可以以这样的方式来纪念逝去的孩子。种树、养宠物等，这些方式也可以用来纪念他们。

流产，对亲密关系也有非常大的伤害与影响，一些案主在流产后与伴侣也分开了。流产对女性的身心创伤特别巨大，她们常会出现情绪紧张、患得患失，甚至失眠等症状。此时，需要看见这些症状后面是什么信念在起作用。有什么心结没有打开，有哪些创伤没被疗愈。

我的个人之见是：真相必须被看见，改变才可能发生。

而所谓真相，不是用逻辑推理、正向思考、吸引法则等方法就可以看见的。如果你已准备好，可以去寻求专业人士的帮助，让自己与"障碍"和解。当心灵可以柔软流动时，孩子，也许就会顺利地来到你生命里。

我们不能拔除过往的因，阻止昔日的果，但我们完全可以种

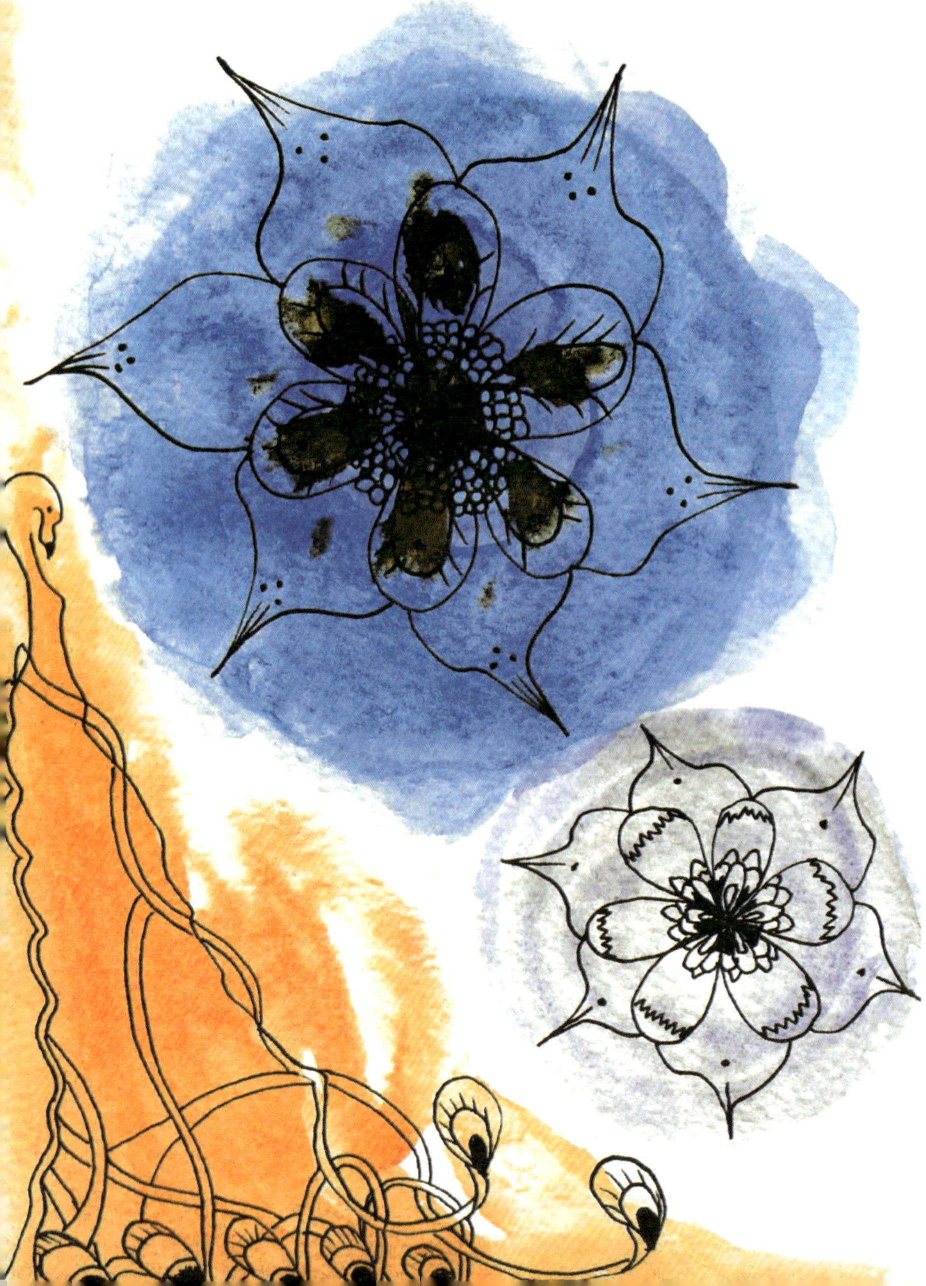

下新的善因，等待新的善果成熟。看见真相，可以让我们从愚痴的无明中解脱，从盲目的爱中重获自由，让爱流动，让身心健康。

年龄不是问题，只要还没绝经，只要心里有爱，身心顺畅、和谐、健康，孩子自然就会到来。

祝福你！

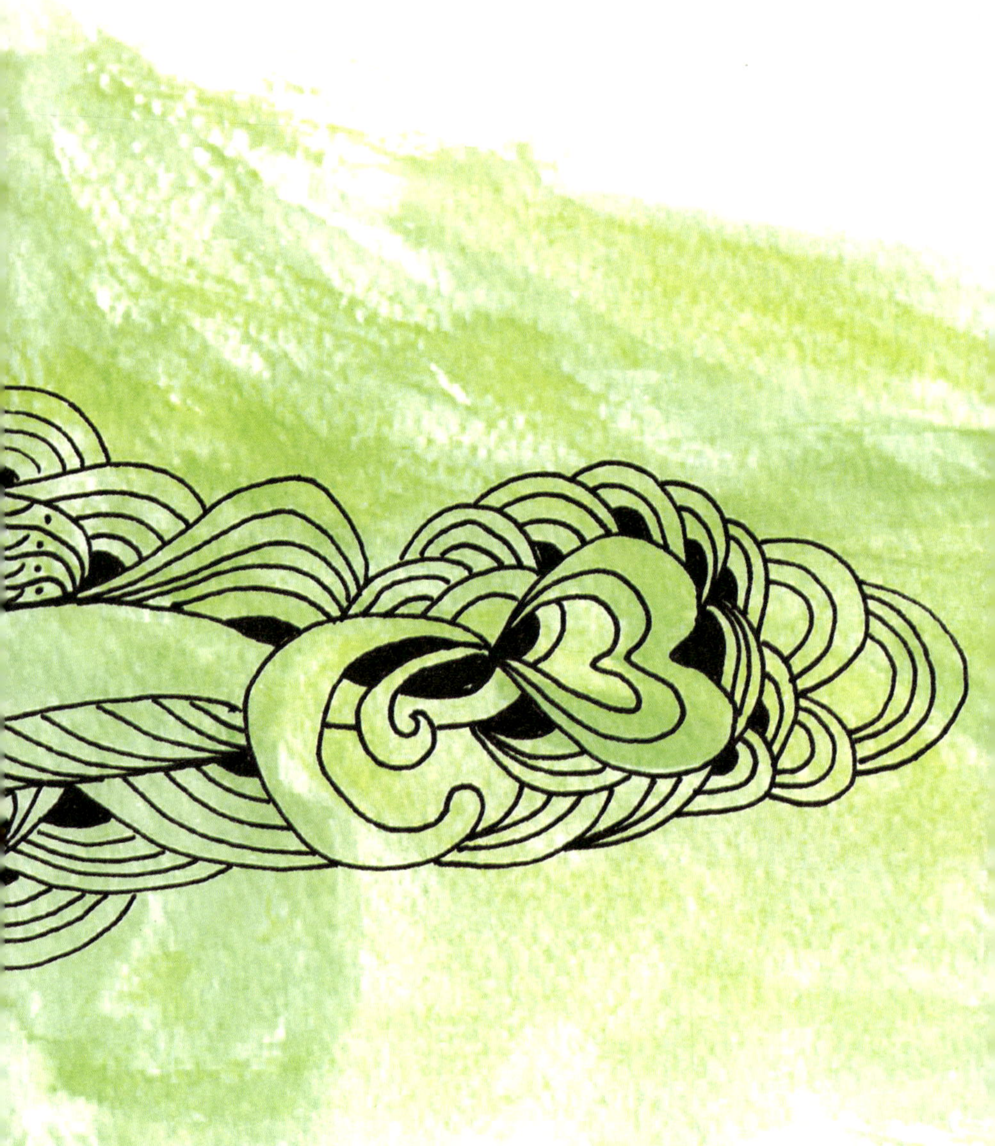

第四章
陪伴
——回归家族与故乡

Q1　谁属于我家

家族系统排列中所说的家族都包括哪些人？谁属于我家？谁算是我的家人？

家族系统排列（Family Constellations）是由海灵格老师整合发展出来，目前在全世界范围越来越被接受和认可的身心灵整合疗愈方式。家庭系统排列有一个重要的观念——系统观：你我犹如天上繁星，各有其位，有一股隐形的力量在支配、推动、运行着家庭系统。在家族系统内，你我都不是单独的一个人，在系统里有个巨大的隐藏力量让每个人相互联结、相互吸引，在系统内每个人都相互影响着彼此。

那么，到底谁在我家呢？谁属于我们这个家族系统？从系统观来说，系统包含着血缘、非血缘关系。

有血缘关系的人包含：

1. 我们自己、兄弟姐妹，不管是活着的、去世的、流产的还是夭折的。

2. 父母、父母的兄弟姐妹，不管是活着的、去世的、流产的还是夭折的。

3.爷爷奶奶、外公外婆,以及他们的兄弟姐妹。

4.曾祖父曾祖母,外曾祖父外曾祖母。

5.如果我们有孩子,那所有的孩子,不论婚前、婚内的,流产、堕胎、夭折、存活下来的,或是被遗弃、被送养的。

这些跟我们血脉相连的人都是我们系统中的重要关系人,其中要特别重视的人是:多磨难,运气差,人生格外困难,身心状况特别糟糕,或受系统其他成员不公平对待之人(例如在遗产分配方面),还有系统中因生命遭遇而被排斥、鄙视或遗忘、遗弃的人。

系统中没有血缘关系的人(让出位置的人)包含:

从系统里面我们观察到,给后面进来的人让出位置的人也属于我们的系统。所谓让出位置的意思就是,前面的伴侣让出位置给后面的伴侣进来,这前任的伴侣就属于我们的系统,前任伴侣包括我们的父母、爷爷奶奶、外公外婆的前任伴侣(包括订婚的),就算他们已经去世,他们也是系统中重要的人。异父母的兄弟姐妹的另一方父母也属于这个系统。

Q2　如何陪伴亲人走完他生命中的最后时光

亲人得了不治之症，生命进入了倒计时。如何才能让他在生命最后的时光里过得开心，过得充实？

善终，是生命写下句号时最好的过程与结果。

得了不治之症的亲人，他同样希望被当作一个正常人般得到尊重与支持。而这些尊重与支持，是我们作为亲人应该用心去做到的。

当我们对死亡心怀恐惧，焦虑不安时，这些情绪对病中的亲人也会产生更大的刺激，他会无所适从，会内疚、抗拒、自卑，甚至自弃。尤其当他失去语言能力时，生命已经到了最后时刻，却依然被我们自私地紧拽着生命。我们的不舍与执着让他被迫浑身插满了管，动弹不得，挣扎无效。这种生不如死的痛苦很容易让他生出嗔心，只因这些是我们的需要，而非真正地让他得到安宁、平静。我们试图对抗死亡这件自然之事，我们害怕他人的评判，生怕背上不孝顺、无情之名，实施过度抢救，却忘了设身处地为已经回天无力的亲人着想。我们此时沉浸在了自己恐惧、焦虑、担心的想象世界里，可能根本没有真正看见他。

给病中的亲人最好的礼物，无疑是真心流淌出的关心与爱，放松与宁静。不紧张、不强迫、不远离、不漠然,让亲人感觉到心与心之间的联结,舒适且自然。

任何回避与隐瞒都是对病中亲人的不尊重。在亲人最后的时光里,我们要经常对亲人表达对他的感恩、感谢,跟他一起回忆生命里的美好时光,陪他一起回想起他曾经为他人、为这个世界做过的好事,让他有更多的善心生起,陪他多跟大自然接触,感受生老病死的生命规律,让他知道:我们每个人都在这条通往死亡的路上。我们会在这世上多停留一些时间,在我们的心里永远会给他留一个位置。我们可以跟他一起来记录并处理身后事,坦诚且自然,让他安心、放心地离开。

每个生命、每段关系、每个家族……都有他们的生、住、异、灭之路,尊重、接纳,便好。

Q3 面对怕死的父亲，如何应对

八旬父亲住在医院，生命指标全部正常，内心却天天被死亡的阴影笼罩。他不敢躺下，生怕自己睡着之后不再醒来。怕死的焦虑感染了全家人，大家都被弄得心神不宁，不敢放松，不敢休息。面对听不进任何劝告的父亲，我不知如何是好。

请尝试找到你父亲可以接受的和缓疗愈的方式，既不会让他反应过激，又能让他身心松解。是的，对于这样一位怕死到不肯躺下的老人，大家也的确无计可施。任何强行的施治，都可能会招致抵抗，适得其反。我看见周围几位朋友的父母也有几乎同样的现象，对死亡极其地抗拒、焦虑、恐惧，想方设法探儿女口风，很想知道自己死时的"待遇"和死后会被处置的方式。

在某些地方，老年人不过生日，为的是让阎王忘记召唤自己。这样的理由，也许听来可笑，实际上我们却笑不出来，心中只有悲哀。直到死亡，恐惧持续掌控着我们。我们在颤抖与不安中，"惊悚"地度过我们生命中的每一天。不安、怀疑、害怕、愤怒、恐惧，这些情绪像附体恶魔一样，对我们时时侵扰，常常纠缠。对未知的恐惧，让我们不知所措。我们不知道死亡后，肉体消融后，我们会去哪里。我们更不可能得到确认，自己死后会发生什么事。

众生因缘不一，面对死亡，也有截然不同的态度。我在尼泊尔、印度、不丹，曾见到一些神情安详、平静迎接死亡的老人。有一次，我在加德满都帕斯帕提那神庙旁，看印度教火葬仪式，听到站在我旁边的一位老人自言自语：每个人都一样。我与他相视一笑。他眼睛里的从容与淡定，让我看见他对死亡的尊重与接纳。这些年的藏地之旅，也让我看见藏族人对死亡的态度。朋友洛桑说："藏族人是带着希望离开的。"我曾在拉萨一位朋友家见过一个久病在床的老阿爸。每天，他只要有力气，能坐起来，便要摇动转经筒，持咒诵经。有时痛得坐不起来，他就躺在床上默念，显得安详、宁静、坚定。

死亡，并不会因为我们抗拒、恐惧、焦虑，就绕道而行。每个人的一生，都以它为终点，不管你如何逃避，如何拒绝，如何惧怕，你都会以一种合适的途径走向它。庄子说："生者寄也，死者归也。"如果临死，仍然对此生的使命不知不觉，那此生，真的就算白来了。

很多生命里的告别都是为了让你长大，亲密关系间的分离亦是如此，都是内在成长的良机。

Q4 成长最好的环境是什么样的

有时候我会碰到一些让自己痛苦的情境，比如某个工作环境或某段关系。我不知道这时候是应该在这样的痛苦里修炼自己去接纳，还是应该离开，去寻找更好的环境。令人痛苦的环境，可能会让自己内在成长更快，但更好的环境，可能会让自己的外在发展得更好。我该如何选择呢？

人生，一直都是在不停地闯关。如果这关没过，即使换个环境，这关也还会不断被重现，不断 NG（电影术语。拍得不好，重来一次之意）。精神分析讲的"修通"，也在此理。

更好的环境，只能提供更好的工作、生活条件，并不会让自己的外在发展得更好。生命，是由内而外的展现。最好的环境，于每个众生都是不一样的。更何况，根本就没有"最好"，只能是"刚刚好"。

如果痛苦是住在你心里的，那么，心仍然会随境转，而当你某天可以境随心转时，便可以不再去追逐更好的条件了。给你讲个笑话，某个人在 39℃的高温下去挤没有空调的公交，汗流浃背，感觉自己快崩溃了，看到车上满脸疲惫的乘客，感受到一种强烈的绝望与低落，他认为自己的人生太惨了。第二天，他去一个桑拿室，医生建议他用类似的方式减重、排毒。在39℃的桑拿室里，他汗流浃背，却非常开心，心里想：我又排了许多毒素，我的体重减轻了，我的健康有望了。他的内心装满了希望与喜悦。看吧，同样是39℃，不同的是：你的心是如何反应的。

以我为例吧，我住在东天目山上已经十多年，在山上非常有意思的是，村民们对我的称呼是"老板娘"，快递员对我的称呼是"杨力虹"。这于过去那个我执强大，每天被赞美、夸奖包围的"杨老师"来说，似乎是不尊重、不礼貌，甚至有些刺耳的。然而这十几年来，我非常感恩能生活在这块土地上，能与这里的人们建立融洽、和谐的关系，连同他们这些接地气的称呼，于我都非常受用。这时时可以让我回到内在，撕掉种种名利上的标签，归于赤子初心，归于本来。你的人生里有能直呼你姓名的人，真是太棒了。

出家后的弘一法师，他粘在窗口上的"虽存犹殁"四个字让希望与他攀上关系的达官显贵们都吃了闭门羹。他的后半生以利他为己任，抱救世之宏愿，于己严苛，从享尽荣华富贵的世家公子到自甘吃苦、济世度众的出家人，人生轨迹前后的巨大反差，非常人所能理解与想象。他以出世精神做入世事业，最后留下"悲欣交集""华枝春满，天心月圆"之绝响。他的一生，也是不同人生境遇的体现。

因为我们无依无靠，所以我们就能把内在的生命力活得更加强大，每个逆境里都有巨大的成长动力。

无论如何，当下发生，当下接纳，便是"最好"。人都可能会走错路，那些所谓的错路，都有可能是人生绕不过的"必经之路"，每个人的成长都是从"错误"里学习来的。逆境逆袭的可能性很大，顺境平庸的可能性也很大。我最喜欢的人生妙处就在于它有跌宕起伏的曲线，有丰富多彩的层次，有五彩斑斓的颜色。你喜欢这样的人生吗？

无论怎样，都愿你心遂所愿，所愿皆成！祝福你！

Q5 不愿意承认自己的农村身份，怎么办

我今年大四，家住在农村。虽然家境不差，不是很贫穷，但是我心里一直对农村和农村人有很大的偏见。我不愿承认自己农村人的身份，我该怎么办？

大部分中国人三代以前都是农村人。先说说你对农村人的偏见：自私、狭隘、受教育程度不够、粗俗、鲁莽、功利……相信你还能列出好多缺点——如果你不爱他们。但把这些缺点套在城里人身上，你会发现也很适用。城里虽然有星巴克、肯德基、3D电影院、大型购物中心、体育广场……但物质的高度丰富，并不能抵消城里人身上与村里人相似的毛病——即使你爱他们。说到底，你对农村的偏见，缘于你认同了"金钱至上"的价值观，或是你认为农村无法给你提供实现自我价值，也就是所谓成功的机会。是的，农村目前无法提供给你更好的教育、医疗、商业等资源，也无法提供更多的就业机会。加上社会上长期形成的对农民的轻视甚至蔑视，也会让你因生在农家而自卑。冲突与挣扎，除了让你"怀才不遇"外，还"愤世嫉俗"。在你更深层的潜意识里，也许还埋藏着对父母的不接受。

如果你不想承认这个身份，你就只能在苦海里沉浮。这个苦

海,就在你的心里。假如你喜欢阅读,推荐你读一读路遥的《人生》,也许你能从里面的高加林身上看见自己。虽然时代已经不同了,但相信你仍然会有所感悟。如果有兴趣,你也可以读读我的微博文章《没有根,就没有幸福》。

不如听听我自己的故事吧,也许你可以明白一点什么。

我现在住在一个地道的农村里,每天除了功课、写作、做个案和完成工作坊的工作外,就是种菜、植树、打扫等,过着地道的农村生活。我不是农村人,我出生在城里,从小父亲对我灌输的理念是:"不好好学习,考不上大学,以后就去当农民。"

看起来,父亲对我的催眠是完全成功的,虽然他用了一种诅咒式的负面教育方式。尽管我上了大学毕了业,也有过好几份相当不错的"好工作",但我都放弃了。当我过上真正的农民生活后,我非常开心,每天都充满喜悦。

我热爱这里的每一根竹、每一棵树、每一朵花、每一块土地、每一个人、每一只动物,我友善地与周围的自然环境和人相处。我发自内心地尊重他们,我欣喜地发现农民们有那么多的优点,懂那么多书本上没有的知识,有那么多的生活智慧……更何况,他们不被雾霾笼罩,不受地沟油残害,不吃垃圾食品……在村里,我也没看见过抑郁症、焦虑症患者。他们每天都依循着天地自然规律，遵守老祖宗传承下来的风俗，把村规乡约作为自己的行为准则。每天喝山泉水，吃五谷粮，食有机新鲜蔬菜，早上总是被鸟叫醒。这样的生活，是多么幸福。你不觉得吗？

人，其实需要的不那么多，知足就可长乐。只要不被"功成名就""衣锦还乡"的欲望勾牵，不被"农民天生低人一等"的偏见捆绑，你就可以睁大双眼，重新看见生你养你的土地，看看那片土地上的人们，感受到祖祖辈辈传承下来的血脉骨气，体会到父母舐犊情深、把生命传给你的恩情。有了他们在你身后，你走向未来的路，会更加坚实有力。

不管你选择留在农村，还是奔赴城市。记住，自己身上流动的是父母、祖先的血液。农家子弟的身份，不是你的低贱烙印和诅咒，它是你成为自己，打开更大生命格局的宝贵礼物。

只知道索取的人，才是一个"穷人"，这与存折上的数字无关。请拒收别人对你的期待，你才是自己命运的主人！

祝福你！

Q6 大城市和小城市该如何抉择

我是一个大学刚毕业的应届生，在找工作时，我感到两难。留在大城市的话，我可能非常辛苦，也看不到出路，但是大城市拥有广阔的发展平台和多元的文化；去小城市的话呢，我会生活得比较安逸、自在，但是机会相对也少了很多。我该如何抉择？

付出与得到通常都是成正比的，正如你已经设想过的那样。大城市有多元的文化，有广阔的发展平台，有丰富多彩、跌宕起伏的人生模板，有一夜暴富、天降金雨的土豪传奇，有歌舞剧院、博物馆，有摩天大楼，有时尚潮流，有外资企业，有完善周全的公共设施……当然，大城市也有比小城市更多的问题，雾霾、空气污染、拥挤的交通、嘈杂的人流、四处埋藏的"潜规则"、高昂的房租、居高不下的物价、永远吃不到头的盒饭，还有地铁上呵欠连天、被倦意笼罩、脸色青白的亚健康人群，蜗居在一套公寓里的"白领"们，只余梦想与虚荣，宁愿饿死在大城市，也不愿意返乡丢面子的"蚁族"们……面对远离亲人，远离家乡，浮萍一样无根的生活，于普通人而言，身心孤独无疑会是最大的杀手。如果混不出个模样，每年春节，将是身处大城市的游子们愧疚、自责情绪的高发期；如果混出几分本事，每年春节，将是他们在家乡父老前做功名利禄成就汇报秀的最佳表演档期。一切的折腾，也许就是为了招来父老乡亲们浓烈的羡慕嫉妒恨。在这些复杂的情绪熏染中，自我价值感或跌落、或高涨，情绪或沮丧、或狂傲。

在大城市，重压之下，一定会有强大的生命爆发力，努力越多，成功的可能性越大。当然，这意味着付出的代价也会越大。只是，就算你在预定的时间里，达成了你预设的目标，实现了理想。那么可以多问一句：然后呢？

相对大城市而言，小城市机会少了很多，功成名就的可能性也折损不少，不过，压力也相对大城市小了许多。小城市，多半空气不错，交通顺畅，生活安逸轻松，日子悠闲自在。吃饭、喝酒、逛街、娱乐，都方便快捷。居住在小城市的年轻人，多半还跟家庭、家族根上的连接紧密，内心稳定、踏实。加上，现在互联网已经非常发达，地域的局限性对他们而言也已经被打破。

出路，不在于身处大城市或者小城市，而在于你的心。

问自己的心：我究竟要什么？我要通过工作成为什么样的人？我透过工作，要让什么人受益？这个答案，也许对你更重要。

Q7 为什么受了气，都往亲人身上撒

为什么往往我们对陌生人客气，而对亲密的人却不客气呢？为什么有时候，该对当事者发的脾气我们隐忍不发，反而冲着自己亲密的人发脾气呢？

亲爱的，你很聪明，往亲人身上撒气，看起来好像是最安全的。当我们潜意识里的攻击欲、愤怒、狂躁等需要释放时，释放给亲人看似是最"划算"的，你与他越亲，代价就越小。而陌生人，你无法掌控，你也无法预测他的反应，更无法计算撒气的后果。所以，你不敢尝试，你只得佯装客气。但其实，无论是陌生人还是亲人，随意地向对方撒气，都有可能造成未知的恶果。

界限是人们相互尊重的标志。有意思的是，当界限被建立在尊重的基础上时，它就能起到联结人与人的作用。我们在与他人共处时感到安全，就是因为建立了这种相互尊重的界限。但如果我们无视界限，误把对方当成自己的衍生与附属，那么我们就会经常肆无忌惮地越界，可能还会发展到实施精神暴力的地步。

精神暴力是一把杀人不见血的刀。这把刀一旦出鞘，对他人的攻击和伤害的程度比真实的武器还要恐怖，它留下的伤口也往往比体肤之伤更难愈合，但我们却往往对它视而不见。

有时候，一个轻蔑不屑的眼神也可以推人至绝境。在我这么多年的整合疗愈经验里，经常看见年逾半百的案主，还时时被父母或老师当年的恶毒诅咒困扰。"你比猪还蠢，你怎么还不去死？""你成绩这么差，还有脸来上学？以后去扫大街吧。"这些话语让案主不断自我催眠，自我暗示，树立了自卑、不配获得的信念系统。

当心理创伤被引导和解时，他们涕泗纵横，泣不成声。父母与老师也许根本不会想到他们为了自己的一时之快，扔出的这些杀人不见血的"刀"，几乎影响了孩子的一生。忆起我小时候看恐怖片时，最害怕的不是那些镜头，而是从头到尾渗透着恐怖气氛与情绪的音乐。道家高人李谨伯老师曾经给我讲过他的狱中生活：每天晚上最怕的是听见脚步声，因为每当脚步声响起时，就预示着有人会被拖出去处决。而狱中的每个人，这时都处在未知的恐惧中，人人自危。

艺术家谢勇拍摄的作品《语言暴力》把语言暴力使用的关键词（汉字）拆分偏旁后拼成了武器，作品获得了第57届戛纳国际创意节银奖。谢勇说："我花了半年多的时间，将这句话变成凶器，目的就是要告诉家长、老师们立即停止语言暴力……攻击性、伤害性的语言可能毁掉孩子的一生。"

这不是危言耸听。我们以为只是逞一时的口舌之快，事实上，很可能给他人带来一生的伤痛。所以觉者释迦牟尼在身语意三门的十条戒律里，语就占了四个：不两舌，不绮语，不妄语，不恶口。其中的不恶口就是不要用语言暴力伤害他人。

下次你再受了气，需要撒气时，请保持觉知，学会负责任地撒气。单纯地表达愤怒，与带着觉知地表达愤怒，这是两条路径，效果会截然不同。同时，请你觉知情绪来源，看看这股怒气掀开了你什么样的旧伤口。当潜意识的诱因被你看见时，它便完成了使命，坏情绪的影响就无疾而终了。如果怒气未消，仍有释放的需求，请有觉知地发泄你的这些怒气。对象可以选枕头、沙包、气球等，最好不针对具体的某个人。如果实在需要真人配合，请务必事先告知：这些愤怒跟你无关。学会了这些，当某天你准备再煞有介事地撒气时，你会哈哈大笑的。

祝福你！

后记
关于本书

由着"内在空间"网络平台读者问答及部分学员个案的缘起，有了此书的诞生，有了你与我的相遇。这样的相遇，是超越外相的，它只关乎内心，愿我们因联系而接纳生命，因觉悟而懂得真爱。

在此之前，假如你与我相遇或重逢，则既充满缺憾，又使当下更加完美动人。在不同的时空点中，你只能遇见与你在同一时空点上的我。因、缘，刚刚好。假如发生了什么，也是刚刚好。那时的我，也许心浮气躁、忧思满腹；而你，也许只是透过我当时的状态，看见了自己。

一切都是刚刚好。我不会因为现在，你正身在苦中，就去敲门：来，我给你治病。因为，那个苦，是你自己要的，在这个时空点上，它伴着你，是必须的。我并不相信你的言语和头脑；人，是最口是心非的动物。因此，我只在潜意识层次工作。在多年的个案观察里，我看见：我们一边在寻求"求子秘方""怀孕秘籍"，一边在潜意识里深植着"我不配做母亲，我不能有孩子，我不能害了他"等信念。只有你潜意识里这些从小被深植的信念被松动甚至被改写,你才可能自然地去呈现出作为母亲的能量。就像好多四处找寻养生、长寿秘方的人,他们的潜意识一直被死亡的力量牵引;或是长期享受到身为"病人"的好处的人,他们根本不可能让自己活出健康、快乐、积极、阳光的一面,除非他真的可以舍弃因为生病而得到的被人怜爱、被人关心、被人呵护的好处。

当你真正受够了,决心改变,我会成为你的支持力量,助你找回自己内心本有的力量。就像此书中的那些文字,它们会化为源源不断的力量,经由你的身体,沉入你的内心,成为一个新的善因,待机缘成熟,它便会生根、发芽、开花、结果,而这个果,也正是不早不晚,在你生命合适阶段结出的硕果。它来得刚刚好。

我也不会增添、放大你的光环,为你制造幻象。我只能以自己的生命经验、以自己当下的言行举止,用这些文字来告诉你:生命,充满无限可能,唯有让自己内在和谐、合一、安定、宁静,才可能以不伤害、不宣泄、不对抗、不纠结、不焦虑、不费力的方式活着,笃定、宁静、喜悦、自在、自由。因为,生命中的每一刻、每一处,无一不是刚刚好。

我更不会询问你的读后感,除非你愿意主动回馈与分享。因为，当我着意探寻时，我的"小我"游戏也许会就此启动，而它也不过是在证明：我是对你有帮助的，有影响、疗效的……我不会组织粉丝团队，抓住你们对我的依赖和对我的崇拜。我知道，你们永远都可以在正确的时间遇见正确的人，一切都是刚刚好。

无论你发生了什么、改变了什么、沿袭了什么、破除了什么、重建了什么，都是刚刚好；无论你与这些文字相遇时，看见了什么、触动了什么、疗愈了什么、省悟了什么、明白了什么，也是刚刚好；假如你透过这些文字，与我的心灵相通、同频共振，那亦是刚刚好。

建议看到这里的你，可以开始学习做这几件事：

一、断舍离

1

把微信里的好友数量删到最小值，"点赞之交"不是我们依靠的对象，也非自我满足的源泉。真相是：秒赞的朋友其实根本不知道你在说什么。

一段有营养的关系，一定是：对方的存在，利于我们的身心整合与成长。如果你非要有朋友圈的话，只需留下真正意义上的良师益友。每天看求关注、求赞的人群卖命表演，也真没什么意思。

去观察自己删除朋友时，是否还有不舍、担心、惋惜？黏着与执取，便是我们苦的来源。毕竟，到生命尽头，你必须独自面对死亡，那时即便是亲朋好友，也无法依靠。所以，你可以从现在起，学习依靠自心。

2

卸载某些社交游戏APP，它们会谋杀大量时间，就算你活一百岁，也才三万多天，时间浪费不起，用这些时间来与自己相处，不挺好吗？在铺天盖地的信息轰炸下，有几条是对你的人生有滋养的？你相信自己即使不看手机，也不会错过什么吗？

相信在你的身边，不乏这样焦虑、恐慌、生怕错过、一心向外抓取的人们。他们错过的是真实的自己。

3

减少无意义的交流，每天审视自己的话语（不管是口头还是书面）后再表达，说前先自问：是非说不可吗？对他人有伤害吗？

二、行善业

把红包或收入的一部分捐入慈善机构，或是身体力行，用劳动与付出来践行善行。哪怕是一个微笑、一次让座，都是在释放善意。

三、安心正念禅

1

坐禅：每天哪怕拿出十分钟时间来打坐，与自己在一起，保持开放的觉知，无评判，无概念，无拣择，无取舍，任由内在的觉受经过，不执取，不对抗，允许一切如是，犹如大海上的波浪，或天空中的云。

2

行禅：慢下来，觉知两腿的运行动作，同时保持对心的观察。

3

动禅：无论在舞动或是运动中，都保持对自己身体动作的觉知，同时，去看心。

4

卧禅：可以觉知呼吸，渐渐放松，也可以修习梦瑜伽，觉知自己在做梦。

5

生活禅：在吃饭、洗漱、沐浴、穿衣……生活场景里，始终保持正念，觉知当下一切的发生。

这些练习都与宗教无关，只与自我及真理相关。

祝福你，亲爱的有缘人，愿你让生命展开更多新的可能！

有人说："从出生开始，我们就是一朵被摘下来的花。"

我说，就算这样，也可以在走向枯萎的生命旅程里，时刻不忘绽放出内在与生俱来的美，那是仁慈与善良的光芒。

力虹
智慧心语

- 1. 批判来自傲慢的头脑，每个人都有值得我们学习的部分。

- 2. 与其围追堵截"外敌"，不如改变自己。

- 3. 骄慢与卑慢，都是通往真相的障碍之山。

- 4. 智者不会夸夸其谈，口沫横飞的通常只是"知识搬运工"。

- 5. 选择合适的道路有时候比努力更重要。

- 6. 一厢情愿地"为你好"，也许，养出来的是对抗你的"仇人"。

- 7. 一个在现实生活中长期讨好别人的人，在网络世界里常常是杠精或者喷子。

- 8. 焦虑未来，抑郁过去，当下，却被错过。

- *9* 成长最大的困难是：你认为还有机会，所以无限拖延。

- *10* 只聚焦于金钱的人，是想抓取"被爱"。

- *11* 忘恩负义、得鱼忘筌者多半都有一对得不到感恩的父母。不尊重父母，当然也不会尊重家庭系统。

- *12* 你体验到的每一刹那都是刚刚好，不早不晚，不快不慢，并无虚度。

- *13* "等以后有时间……""如果我有……就……"遗憾的是，世间并无假设，只有当下。

- *14* 对人、事、物的过分痴迷与执着，都说明内在处于僵固、自闭之中。让自己的内心柔软与流动起来，才能应对无常。

- *15* 宠物狂并非因为"爱"，更多的是因为贪与执，或者是对人类的失望。

- *16* 有人总是用拼命付出的讨好来掩盖内在"我也想要，但我不敢"的渴望。

- *17* 世间最成功的项目,最划算的生意是:投资自己,丰富内涵。

- *18* 如果一生都陷入"模仿秀"中,那你自己的原创人生在哪里呢?

- *19* 人、事、物的前面只要加上"我的"标签,人便开始了患得患失的受苦之旅。

- *20* 合理化自己的自我催眠,有时候,只是为了隔绝外在世界。

- *21* "成瘾"背后的渴望多是"被爱"。

- *22* "心如止水"的外表后面可能是麻木和被创伤冻结的身心。

- *23* 对最爱的人说出最恶毒话语,那是因为"爱"里加了执着的调料,成了"贪"。

- *24* 伤身事小,伤心事大。

- *25* 完美是僵固的,它限制了无限生机。

- *26* 有些人的"勤快"只是因为焦虑。

- *27* 外境不是命运,你的选择才是。

- 28 放下评判,你才真正可以看见生命。

- 29 对孩子的掌控欲望,源自内在的无力感。

- 30 经历不是财富,从经历中得到的洞见与领悟,才是财富。

- 31 控制是恐惧、担心,爱是自由、允许。

- 32 成长的意义是:自己可以定义自己的人生。

- 33 如果你爱面子,就要在内在搭建支撑得住面子的根基。

- 34 诸事不顺时,去看见狂风中纷飞乱舞的心绪;内心混乱时,外界不会太平。

- 35 "吃里爬外"源于内在分裂,试图向外寻找归属感,而真正的归属感恰恰源自内在整合。

- 36 背叛家庭系统原则时,拖垮你的不一定是系统的"惩罚",更多的是你自己的内疚与羞愧。

- 37 内心封闭时,流淌出的眼泪只是自怜,而非高大上的"爱与慈悲"。

- 38 若你对他人充满期待，他人会紧张、惶恐；若你活在别人对你的期待中，亦是同理。

- 39 良性的关系是随心所欲、轻松自在地各自做自己。

- 40 世间最容易搞砸人际关系的是"我以为你懂的"。

- 41 批判是在自卑引发的嗔心驱动下的行为。

- 42 勇敢接纳"阴影面"，会让人生更丰富多彩，充满生机。

- 43 疾病让身体被看见，烦恼让智慧被重视。

- 44 何不给一匹马以草原？何不给一条鱼以海洋？何不给一只鸟以天空？家长们常犯的错误就是把孩子们逼成了呆板无趣的考试机器。

- 45 问题孩子的背后，必定有一对问题父母。

- 46 过多的溺爱，淹没了孩子的生命力。恰当的爱，是把孩子自身的命运交还。

- 47 对孩子本自具足的信任，是对孩子最好的爱。

- 48 被家人忽视，也会成为一种想要证明自己的强大动力。

- 49 侠义英雄（女性）的背后往往有一个需要被"拯救"的母亲。

- 50 和平的关系是"你提供的，刚好是我需要的"，角色扮演是双方的心灵契约。

- 51 对母亲最好的爱就是善用她传承给我们的生命，分享爱，延续生命。同时，带着尊重，交还母亲的命运，然后，自由地走向自己的伴侣和孩子，走向自己的人生。

- 52 强势行为后面的驱动力也来自对"被看见"的渴望。

- 53 投射会幻灭常是因为把对方设定为"完美"。

- 54 无法对父母感恩的人，之后的所有"感恩"均为一场表演秀。

- 55 真理不会因为你拒绝承认就消失或者扭曲。

- 56 对父母无休止地索取，认为他们应该对自己更好，是不愿为自己生命负责的"巨婴"心态。

- 57 你看权威不顺眼，总想叛逆时，不妨回来看看自己内在的父母能量是否均衡。

- 58 在未知面前，我们保持谦卑，因为我们都有局限，但我们无须自卑，因为自性圆满，本自具足。

- 59 放不下的架子，扯不下的面子，都是"我执"，后面的动力都源于自卑。

- 60 当你对对方无欲无求时，就不会被关系捆绑，甚至可以发展出无私的爱。

- 61 当你的人生导航仪由他人设定，那你就失去了成为自己的自由。